이화형 교수의 기생 이야기 ❸

이매창, 순수 서정으로 빛나다

이매창, 순수 서정으로 빛나다

1판 1쇄 인쇄 · 2021년 5월 20일
1판 1쇄 발행 · 2021년 5월 25일

지은이 · 이화형
펴낸이 · 한봉숙
펴낸곳 · 푸른사상사

주간 · 맹문재 | 편집 · 지순이 | 교정 · 김수란, 노현정 | 마케팅 · 한정규
등록 · 1999년 7월 8일 제2-2876호
주소 · 경기도 파주시 회동길 337-16 푸른사상사
대표전화 · 031) 955-9111(2) | 팩시밀리 · 031) 955-9114
이메일 · prun21c@hanmail.net
홈페이지 · http://www.prun21c.com

ISBN 979-11-308-1790-3   03330

값 14,900원

지식에세이

7

이화형 교수의 기생 이야기 ❸

이매창, 순수 서정으로 빛나다

푸른사상
PRUNSASANG

우리도 인간이다

나는 남성이지만 오랫동안 여성 문제에 관심을 갖고 연구를 해왔다. 여성이 남성에 비해서 차별과 억압을 당하고 있는 현실에 대한 비판적 인식이 바탕이 되었다. 그리고 다른 한편으로는 인간이 인간답게 살아갈 수 있는 가능성을 여성이 가진 다양한 미덕들에서 찾을 수 있다는 생각이 있었다.

그중에서도 한국연구재단의 지원으로 12명의 팀을 꾸려 3년간 근현대 여성잡지를 모두 검토하여 『한국 근대여성들의 일상문화』(전9권, 2004)와 『한국 현대여성들의 일상문화』(전8권, 2005)를 출간함으로써 방대한 자료를 정리한 것은 참으로 보람 있는 일이다. 그 뒤로 『뜻은 하늘에 몸은 땅에』(2009), 『여성, 역사 속의 주체적인 삶』(2016) 등으로 여성연

구는 계속되었다.

그러나 이러한 연구들이 대중들과는 거리가 있다는 점이 늘 아쉬웠던 차에 좀 더 많은 독자들과 소통하기 위한 책을 써야겠다는 생각이 들었다. 학술서의 한계를 넘어 한국 여성에 관한 지식을 다양한 독자들과 공유하려는 의도로 '지식에세이'라는 이름의 총서(9권) 출간을 기획하였다. 그래서 2017년 1차로 『주체적 삶, 전통여성』, 『융합적 인재, 신사임당』, 『강직한 지식인, 인수대비』 등의 세 권의 저서를 간행했다. 그리고 이번에 '기생'에 관하여 3권의 책을 세상에 내놓게 되었다. 1권은 총론이고, 2권과 3권은 기생을 대표하는 황진이와 이매창에 관한 것이다.

몇 년 전 예인이라는 뜻을 지닌 게이샤[藝者]를 보기 위해 교토를 찾아간 일이 있다. 단순한 호기심을 넘어 과거의 기생이 오늘의 문화로 남아 있다는 게 참으로 부러웠다. 우리의 경우는 일제강점기까지 살아 있었던 기생이 지금은 완전히 사라지고 말았다. 물론 조선의 많은 기생들이 생계 수단으로 남자들의 유흥을 돕고 성을 제공했으며 일제 시기 창녀로 전락하는 불운을 겪기도 했으나, 국가의 연예를 책임지는 역사적 정당성을 갖고 존속했던 기생이 오늘날 전혀 남아 있지 않은 것은 애석한 일이다.

밥이나 얻어먹고 교육을 받지 않는다면 짐승과 다를 바 없다며 교육을 적극 주장하고 사회적 활동을 전개하던 신여성이 등장하기 이전에 기생들은 이미 그러한 모습을 보여주었다. 기생들은 해방 시기까지 교방, 장악원, 권번 등에서 전문적이고 엄격한 교육을 받고 자신들의 공적 역할을 다하려 했다. 또한 가무를 비롯하여 시서화, 예절, 교양까지 철저히 익혀 예인으로 손색이 없는 엔터테이너로서 활약했던 기생들이야말로 오늘날 주목받고 있는 연예인보다 고품격의 예술인이었다.

무엇보다 1920년대 신여성들이 목청껏 '인간'임을 외치기 전에 주체적 의식을 지니고 있던 기생들은 근대의 흐름과 더불어 우리도 '사람'이라는 새로운 자각 속에 『장한』이라는 잡지를 출간하기도 했다.

또한 근대의 신여성들이 마음만 깨끗하면 언제든 처녀일 수 있다며 '신정조론'을 주장하기 이전에 많은 기생들이 육체보다 '정신적 순결'이 중요함을 강조했다. 더욱이 신여성들이 일제강점기 국권 회복을 위해 독립운동에의 결기를 보이기 이전에 기생들은 임병 양란에서부터 해방 시기까지 국난을 극복하기 위해 헌신하였다. 기생들은 유교 정신에 반하는 화려한 외관에도 불구하고 나름 유교적 충효열의 이념을 실천했던 여성들이다.

기생들은 여성이자 최하위 신분이라는 몇 겹의 억압 속에서 꿋꿋하게 한국의 문화예술을 창조해왔고 사회적 자아로서의 책무를 다하고자 했던 문화적 역사적 선두주자로서 대우받아 마땅하다. 이 책에서는 자아를 망각하지 않고 정체성을 상실하지 않으려 최선을 다했던 기생들의 삶을 새롭고 정확하게 밝히는 데 주력하였다.

이 책들이 나오는 데는 푸른사상의 한봉숙 대표님은 물론 김수란 팀장을 비롯한 편집진의 노고가 컸다. 진심으로 감사드린다.

2021년 5월
이화형

차례

이매창, 순수 서정으로 빛나다

프롤로그

지금은 우리 모두가 자유와 평등 속에 살면서 민주주의를 만끽하고 있지만 조선사회 이매창(1573~1610)의 경우 기생으로서 신분적 질곡 속에 눈물로 살았던 것을 생각하면 안타깝기 그지없다. 그럼에도 불구하고 그녀가 위대하다 생각되고 기려지고 있는 것은 오늘날 우리가 그만큼 순수한 마음도 부족하고 아름다운 시도 쓰지 못하고 있기 때문일 것이다. 매창은 비록 비천하게 태어나 불우한 운명으로 살았지만 오히려 그녀가 남긴 고고한 정신과 뛰어난 시편[1]은 우리들로 하여금 분주한 삶 속에 허덕이는 자신을 돌아보게

1   『매창집』(『매창전집』, 부안문화원, 2010, 하버드대학교 소장본)

한다.

　더구나 당대 최고의 명성을 얻고 있던 기생이 진정으로 사랑했던 남자가 화려한 벼슬이나 직책을 가진 사대부가 아니라 내세울 것 하나 없는 천민이었다는 사실은 예사롭지 않다. 그리고 기생을 끼고 살았을 정도로 자유분방하기 그지없던 기인과 10년간 정신적 교류만 했다는 것도 특기할 만하다. 더욱 우리를 놀라게 하는 것은 그녀가 양반들의 전유물처럼 여겨지는 한시에 능통했다는 사실이다. 그녀에게서 새삼 품격과 능력을 느끼게 된다.

　400여 년 전 신분이나 성의 차별이 심했고 빈곤한 생활을 해야 했던 인간의 삶과 사회 상황이 자유와 풍요를 구가하고 있는 오늘날에 비추어 우리에게 순진하면서도 낭만적으로 느껴지는 것은 왜일까. 단순히 감상의 차원을 넘어서는 합당한 이유는 무엇일까 생각해본다. 의외로 지금보다 모든 면에서 열악한 가운데도 '인간'이 살아 있었기 때문이라는 판단이 든다. 시인은 집이 없어 시가(詩家)라는 말이 없다고 하듯이 오늘도 우리는 깨끗한 시인을 바라고 있을지 모른다. 참된 예술가라면 고통스럽고 외로울 수밖에 없을 것이다. 우리 역사에 보기 드물게 맑은 영혼을 지닌 매창은 눈물로 현실을 살아내야 했던 순수한 시인이다.

전라북도 부안군청에서 세운 매창의 무덤 앞에는 "이 매창은 시와 가무에 뛰어나 개성의 황진이와 더불어 조선 명기의 쌍벽을 이루었다."고 적혀 있다. "처방을 모르는 의사가 병을 고칠 수 없듯이, 시인에게는 시평이 없을 수 없다."며 비평의 중요성을 주장하던 홍만종(1643~1725)에 의해 쓰인 『소화시평』은 그 어느 비평집보다 전문성을 띠고 있고 내용도 체계적이라 할 수 있다. 이같이 시평에 있어 큰 업적을 남겼고 기생을 찬미하는 시를 지은 바도 있는 홍만종은 "근자에 송도 진랑(황진이)과 부안의 계생(이매창)이 글솜씨로써 문사들과 서로 겨룰 만하다."[2]고 했다. 흔히 북에는 황진이요, 남에는 이매창이라고도 한다. 두 기생은 조선의 여류시인으로 명성을 떨친 대표주자이다. 그렇지만 황진이에 비해 30년쯤 뒤에 태어난 이매창은 훨씬 많은 작품을 남겼다.

한국 문학사를 보면 대체로 글을 짓는 것이 여성의 본

---

2   홍만종, 『소화시평』 하.

분이 아니라는 사회적 통념에 따라 여성들은 작품을 남기기 꺼렸다. 익히 알려진 대로 그녀의 한시가 근대 권번기생들의 교과서가 되었다고 할 만큼 19세기 적극적으로 작품 활동을 했던 기생 출신의 운초 김부용(1820~1869)까지도 "시 읊조림 여인의 일이 아니지만/단지 남편께서 시를 사랑하시기 때문이라오(吟哦不是閨人職 秖爲明公雅愛詩)."[3]라고 변명한 바 있다. 그러나 매창은 시집을 낼 수 있을 만큼 많은 시를 썼다. 개인의 시집이 나온다는 것은 17세기 당시로서는 세계적으로 보기 드문 일이었다. 현재 전하는 우리나라 기생 한시집도 대부분 19세기에 존재했던 인물들의 것이다. 비록 38년의 짧은 생애였지만 어렸을 때부터 미적 감각과 재능이 탁월했던 그녀에게 시는 존재 이유 같은 것이었다.

그녀의 시집인 『매창집』의 발문에 따르면 "매창은 시 읊기를 잘하여 당시 수백 편이 사람들의 입에 오르내렸지만 지금은 거의 흩어져 사라졌다."고 한다. 그리하여 『매창집』에 실제로 수록되어 전하는 작품은 58편이며, 그중 허균(1569~1618)의 친구 이원형이 지은 「윤공비」라는 시 1편을

3 김부용, 『운초집』, 「운초당」.

제외한 57편이 매창의 시이다. 그리고 매창의 임이라는 류도의 친구인 임서(1570~1624)의 문집인『석촌유고』에 실린 매창의 시 1편을 더하면 현재 전하는 이매창의 시는 모두 58편이 된다. 이 시들은 주로 매창이 죽기 10년 전인 1600년부터 써온 작품들로 보인다.

기생시인들의 자유로운 정감과 진술한 표현의 가치는 역사적으로 부각되어왔다. 민속학자 이능화(1869~1943)는 조선의 지식 여성을 네 종류로 구분하면서 "기생이나 첩실은 사족의 부인에 비하여 임에 대한 사랑의 감정을 더욱 자유롭고 간절하게 노래할 수 있었다."[4]고 말했다. 또 한국 근대 초기 시단을 이끌었던 김억(1895~?)은 조선여류 한시선집을 출간하면서 사대부 가문 아낙네들의 노래와 달리 소실과 기생의 것에는 조금도 감정을 거짓으로 조작한 흔적이 없다[5]고 했다. 최초로 역대 여류 한시를 모아 엮은 이 책에는 65명의 조선의 여성시인들이 세상에 자신들의 작품을 선보이게 되었는데 이매창 한 사람의 시가 가장 많아 무려 24

---

4   이능화,『조선여속고』, 동양서원, 1927.
5   김억,『꽃다발』, 박문서관, 1944.

편이나 수록되었다.

작품의 양뿐만 아니라 질에 있어서도 우수한 평가를 받았다. 전라도 관찰사로 부임한 한준겸(1557~1627)은 매창을 위대한 여류시인으로 평가했고, 조선시대 최고의 시인으로 꼽히는 권필(1569~1612)도 그녀의 시를 짓는 재주를 높이 평가하였다. 이황(1501~1570)과 사랑을 나누던 단양기생 두향의 무덤 앞에 술잔을 올리며 시를 읊었던 시인 임방(1640~1724)도 매창의 시에 재주와 정취를 볼 수 있다면서 "매창의 시묶음에 시를 지어 써주지 않은 사람이 없었다."[6]고 할 정도로 그녀는 당시 문학계의 주목을 받고 있었다. 특히 학식이 풍부했던 한준겸이나 허균 등은 매창을 중국을 대표하는 기생이자 시인으로 유명한 설도(薛濤, 770~832)에 비견되는 우리나라 최고의 여류시인으로 평가했다.

한편 위에 나온 조선을 대표하는 두 기생 황진이와 이매창의 성격으로 볼 때 황진이가 남성적·개방적·의지적인 면이 두드러진 시인이라면 매창은 여성적·내향적·감

6   임방, 『수촌만록』.

성적 측면이 강한 시인이었다고 할 수 있다.[7] 그런가 하면 삶의 태도에 있어 황진이가 기생의 길을 스스로 선택한 만큼 진부한 기생의 일상을 뛰어넘었던 것과 달리 이매창은 기생이기를 완강하게 거부했던 만큼 오히려 기생의 운명을 떨쳐버리지 못한 채 서글픈 생애를 살았다. 매창의 시에 고독과 슬픔이 주조를 이루는 것도 이 때문이다.

이매창은 자존감이 강했으므로 결핍과 모순이 가득한 현실에 부딪쳐 크게 개탄해야 했다. 임의 부재는 세상에 따라붙는 아픔으로 비화되었으며 상황이 악화될수록 그녀는 인간현실을 벗어나고 싶어 했다. 그리고 자유를 갈구할수록 고착적 신분, 숙명적 비애에 빠져들었다. 매창에게서 감성이 주체할 수 없을 정도로 넘쳐났음을 발견하는 시각이 자연스러울 뿐만 아니라 매창을 이해함에 있어 빼놓을 수 없는 중요한 요소임도 이와 무관하지 않을 것이다. 또한 기생을 포함하여 여성들이 지은 작품은 부덕(婦德)이나 사랑에

---

7   이화형, 「황진이와 이매창의 한시 비교 고찰」, 『우리문학연구』41
     집, 우리문학회, 2014.

편중되는 경향이 있으나 매창이 지은 작품의 내용은 애정을 넘어 존재론적 갈등이 주된 흐름을 보였다.

그동안 매창의 생애나 시와 관련하여 주목할 만한 이야기들이 있어왔다. 그러나 시인의 의도나 시적 주제와 관련하여 매창이 임을 그리워하는 쪽으로 몰고 가는 점, 그녀가 전통적 정한을 자연 친화나 신선 사상으로 승화시켰다고 보는 점, 매창이 현실 극복의 강한 의지를 지닌 것처럼 논의하는 점 등은 아쉬움 또는 의구심으로 남는다.

그녀는 정신과 물질, 자아와 타인, 꿈과 현실 등 인간 주체로서의 갈등을 심하게 겪었다. 그녀가 자아 의식이 얼마나 강했는지는 '아(我)', '여(余)'를 제외하고 '자(自)'나 '독(獨)'이나 '고(孤)'가 쓰인 어휘만을 발췌해보더라도 알 수 있다. 제목에 해당하는 「스스로 탄식하다(自恨)」, 「스스로 깨닫다(自得)」를 비롯한 「홀로 오르다(獨登)」, 「홀로 살다(獨處)」, 「외로운 난새(孤鸞)」, 「외로운 학(孤鶴)」 등이 그 예이다. 「스스로 탄식하다」의 경우는 동일한 제목 아래 여러 수의 작품이 있고, 같은 제목의 시도 여러 편 된다. 여염집 여성이나 다른 기생들도 상당수 고독과 성찰의 시를 남겼으나 이 정도로 자아에 관심을 집중하며 정신적 삶을 열망하는 갈등

현상을 보이지는 않는다.

그녀의 시세계를 지배하는 삶의 태도를 살피기 위해 기생의 행적에 따른 인물형으로 본다면, 매화를 절호했던 그녀는 국가를 구원하고자 하는 사회적 충절형이기보다는 정신적 순결을 강조하는 인간적 절의형에 가깝다. 그리고 자유 지향의 풍류형에 속하기는 하나 그녀의 풍류적 기질은 기생으로서의 숙명과 여성적 정감에 의해 축소 지향되었다. 다시 말해 그녀의 자유 지향의 갈망은 성적, 신분적 한계로 인해 현실의 장벽을 넘지 못한 채 좌절되고 만다. 매창은 죽기 얼마 전 "인생을 살아야 얼마나 산다고/가슴속에 시름 맺혀 옷 적시지 않은 날 없네(借問人生能幾許 胸懷無日不沾巾)."(「병중에 근심하다(病中愁思)」)라고 술회한 바 있다.

매창은 기생으로서 많은 남자들과 만날 수밖에 없었고 그들과 재주를 겨루고 정을 나누며 살아갔다. 14세 때 한양에서 자신을 찾아온 유희경을 만나 시로 사귀었다. 그 후 서우관의 눈에 들어 잠시 한양으로 올라가 귀족 자제들과 시를 겨룬 바 있다. 20대 후반에 김제군수로 내려온 이귀의 정인이 되었다가 29세가 되던 해 부안에 내려왔던 허균과 시와 우정으로 사귀었다. 이후 허균의 도움으로 자신을 찾아온 많은 문인들과 시적 교류를 하였다. 35세에 유희경을 다시 만났다가 헤어졌고, 37세에 공주목사에서 파직되고 부안에 은둔하려던 허균을 다시 만나 의식 세계를 넓혀갔다. 그후 매창은 〈자고사〉를 부르며 부안현감을 지냈던 윤선을 회고했다. 38세가 되던 해 여름에 매창은 세상과 이별하고 부안 봉덕리에 거문고와 함께 묻혔다.

매창의 삶과 시들은 매창의 시문집을 비롯하여 유희경과 허균에 의한 기록 말고도 한준겸의 『유천유고』, 이수광의 『지봉유설』, 권필의 『석주집』, 심광세의 『휴옹집』, 임방의 『수촌만록』, 이규경의 『오주연문장전산고』, 박효관(1781~1880) · 안민영(1816~?)의 『가곡원류』, 안왕거(1858~1929)의 『열상규조』, 장지연(1864~1921)의 『대동시선』, 이능화의 『조선해어화사』 등에 수록되어 전한다. 매창에 대한 깊이 있는 연구서[8]가 나와 있어 이 책을 쓰는 데 많은 도움을 받았다.

8   김준형, 『이매창평전』, 한겨레출판, 2013.

1
숙명적으로 기생이 되다

1668년 전라북도 부안에 있는 변산의 개암사에서 출간된 『매창집』의 발문을 통해, 매창의 출생과 사망에 관한 정보를 얻을 수 있다. 선운사의 말사인 개암사는 백제 무왕 35년(634)에 승려 묘련(妙蓮)이 창건한 고찰이다. 매창 자신의 이름은 물론 부친의 이름과 함께 그녀의 탄생을 밝히고 있는 유일한 기록이다.

계생(桂生)의 자는 천향(天香)이다. 스스로 매창이라고 했다. 부안현의 아전 이탕종의 딸이다. 만력 계유년(1573)에 태어나서 경술년(1610)에 죽었으니, 사망 당시 나이가 서른여덟이었다. 평생토록 노래를 잘했다.

매창의 아버지인 이탕종은 조선의 하급관리인 아전이
었다고 한다. 지방 관청의 행정은 사또와 아전으로 구성되
는데, 사또는 중앙에서 임명되어 내려가는 데 비해 아전은
그 지방 대대로 살던 토박이였다. 이탕종은 육방, 사령, 형
리 등 다양한 직종의 아전 가운데 중앙의 육조를 모방하여
설치한 육방의 우두머리인 호장(戶長)이었을 것으로 본다.
조선시대의 호장은 지방 관청에 소속된 관비를 관리하며 그
녀들을 첩으로 삼고 거기서 낳은 자식들을 다시 노비로 충
원하는 경우가 많았기 때문이다. 이는 매창이 기생으로 살
아간 사실로 보아, 그녀의 어머니가 부안현의 관아에 소속
된 노비였으리라 전제하는 데 따른 것이다. 대개 관기는 관
비 중에서 선발되었음을 감안하면 매창의 어머니는 관비 출
신의 기생이었을 가능성이 크다.

결국 매창은 선조 6년(1573)에 부안현에서 호장을 지냈
던 중인 계층의 아버지와 그의 첩으로 관기였을 천민 계층
의 어머니 사이에서 서녀로 태어났다. 그리고 매창은 태어
난 지 몇 달 만에 불행하게 어머니와 사별하고 홀아버지 슬

하에서 귀여움을 받다 12세 무렵 아버지마저 세상을 떠나면서 삽시간에 의지할 곳을 잃고 말았던 것으로 추정된다. 그리하여 부안현감이던 진사 서우관의 배려로 관아에 들어가 선화당에서 잔심부름을 하게 되었다. 기생안에 이름이 올랐다고 해서 바로 기생 고유의 역할을 하는 것은 아니다. 그때부터 관청에서 각종 시중을 드는 한편 교방에서 정식으로 수업을 받으면서 기생으로 성장해갈 수 있는 기반을 닦게 된다.

이렇듯 어머니가 천한 관비였기에 매창이 타고난 신분과 역할은 피할 수 없었다. 그러므로 부모를 모두 잃은 고아로서 자연스럽게 기생의 길로 들어서게 되었을 것이다. 그런가 하면, 부안의 사또(수령)가 범하고 버린 탓에 그녀의 부친이 기적(妓籍)에 올렸다고도 하고, 기댈 데 없이 어린 그녀가 먹고살 수 있도록 부친이 죽으면서 그녀를 기방에 넣었다고도 하는 등 그녀가 기생이 된 과정과 배경에 대해서는 정확하게 문헌에 전하는 바 없이 설왕설래하는 편이다.

매창이 기생이 된 이유에 대해서는 자세히 기록돼 있지 않으나 위에서 살핀 바와 같이 어머니가 기생이었을 가능성이 높기 때문에 그녀도 당시 천자수모법(賤者隨母法)에 따라 기생이 되었을 것이다. 기생이 된 시기는 위에서 말한 것처럼 어머니에 이어 아버지까지 일찍 세상을 뜨면서 의지할 곳이 없었던 매창 나이 12세 무렵으로 잡을 수 있다.

다만 실제로 세습적 기생의 경우 기생 수업이 아주 어렸을 때부터 이루어졌듯이 매창도 7~8세 무렵에 '계생'이라는 이름을 받고 기생의 역할을 시작했을 것으로 보기도 한다. 이때는 본격적으로 예능 중심의 교습보다는 수령(현령, 현감 등) 주변에서 심부름을 많이 했을 것이다. 7세 때 부안현감은 이세준이었고, 8세 때 부안현감은 양대수(?~1592)였다. 이세준은 1년 남짓 근무하다 파직되었으나 일찍이 무과에 급제한 후 1580년 부안현감으로 부임한 양대수는 4년 넘게 근무하며 매창에게 영향을 미쳤을 것이다. 말하자면 8세의 매창은 12세 무렵까지 양대수의 보살핌 속에 기생으로 성장해갔을 것으로 본다. 기생의 관리 체계는 행수기생에서부터 올라가 수노와 호방을 거쳐 호장에 이르고 끝에 수령으로 이어졌다. 어린 기생이 12~13세 정도가 되면 기생 명부에 이름을 올리게 된다.

관아에 속한 기생은 기안(妓案) 또는 기적(妓籍)이라는 기생 명부에 올라 관리의 통제를 받았다. 조선시대 관아에서는 소속 노비를 관리 감독하기 위해 노비 명단인 '관노비안'을 작성하였다. 기생 역시 관노비이므로 관노비안에 그 이름이 등재되었는데 관노비안 중에서 기생 부분을 분리하여 작성한 자료를 '기생안(기안)'이라 할 수 있다. 관청에 공식적으로 등록되는 기생안을 살펴보면 기생의 이름과 나이를 비롯하여 기생이 도망가거나 기안에서 빠진 경우 등 기생의 동태를 확인할 수 있고, 기생의 숫자와 등급까지도 파악할 수 있었다.

관아 향리의 우두머리인 호장은 조직의 이탈을 막기 위한 소집 점검으로서 한 달에 두 차례씩 치러지는 점고[1]를 주관해야 했다. 기생들의 이름은 호방에서 출석을 점검할 때 부르기 편하도록 지어졌는데, 이는 기생이 되면서 새로운 이름을 얻게 됨을 뜻한다. 지금의 예술가들이 예명을 짓는 것이나 직업여성들이 새로운 이름을 만들어 쓰는 것도 여기서 유래하였다고 볼 수 있다. 본명, 즉 어릴 때 이름이 '향금(香今)'이었던 매창은 계유(癸酉)년에 태어났다고 해서

---

1   명부에 일일이 점을 찍어가며 사람의 수를 조사하다.

'계생(癸生)'·'계랑(癸娘)'으로도 불렸다. 기생이 되면서 호방에서 점고할 때는 '계생(桂生)'·'계랑(桂娘)'이라고 불렸는데, 기명인 이 이름은 계수나무 위로 달이 처음 떠오르는 모습에 빗대어 지었다고 한다. 계수나무가 있다는 달 속의 선녀를 연상시켜 작명했을 것이다. 실제로 이 이름이 가장 많이 알려졌다.

매창은 위와 같이 다른 사람들이 지어준 이름들이 마음에 들지 않았다. 그리하여 『매창집』에 적혀 있듯이 성인이 되어서는 분에 넘치게 '천향(天香)'이라는 자(字)를 받았고 또 기생이 된 후에 스스로 '매창(梅窓)'이라는 호를 짓기까지 했다. 보통 여성들로서는 이름조차 갖기 어려웠던 조선시대에 이매창은 '하늘의 향기'라는 의미의 천향이란 아름다운 자를 갖고 추위를 이기고 맨 먼저 고아한 자태를 뽐내는 매화를 떠올리는 매창이란 호를 지어 부른 것이다.

이능화는 『조선해어화사』에서 "계생은 부안 기생으로 호는 섬초니……"라 하였다. 섬초란 달을 뜻하는 섬(蟾) 자와 처음을 뜻하는 초(初) 자가 어우러진 호이다. 이름이 계생이었던 것이나 호가 섬초였던 것을 보면 모두 '처음 떠오르는 달'과 관련 있는 것으로 우연한 것은 아니라고 본다.

아마도 둥근 보름달을 향해 점점 커져가는 새로운 꿈과 희망을 담아 만든 말이 아닐까 한다. 그런데 매창이 이 달과 연관된 이름을 좋아하지 않았던 것을 보면 황진이가 관대하고 환상적인 이미지를 지닌 달을 좋아하여 자신의 호를 '명월'이라 했던 것과는 대조를 이룬다.[2]

여성의 존재를 자유롭게 드러내기 힘들던 시대에 기생으로서 별도의 이름인 자와 호까지 지니며 살았던 매창은 역시 주체의식이 뚜렷하며 자존감이 강했던 여성이었음에 틀림없다. 매창이 한양에 올라갔을 때 귀공자 셋이 다투어 그녀에게 접근하자 웃으면서 "만약 제가 예전에 들어보지 못했던 시를 들려주시어 제 마음에 들어맞는다면 그런 분과 하룻밤을 즐기겠습니다."[3]라고 했던 태도 또한 함부로 넘볼 수 없는 여유와 자부를 느끼게 하는 대목이다. 이매창은 서녀로 태어나 기생이 되었지만 얼굴은 그다지 예쁜 편이 아니었다. 그러나 남달리 많은 능력을 갖추었던 매창은 특별

---

2   순종하는 것이 여인의 미덕인 조선사회에서 황진이는 과감히 자신의 결정으로 기생이 되었으며 '명월(明月)'이라는 기명(妓名)을 사용하며 당당하게 살았다.

3   이능화, 『조선해어화사』 29장.

히 타고난 시적 자질이 있는 데다 아버지에게서 한문도 배
웠다. 시와 문을 비롯하여 노래와 거문고 등에 뛰어나 많은
사람들의 심금을 울렸다.

조선시대의 기생들은 궁중이나 지방 관청의 행사에서
음악을 담당하면서 흥을 돋우는 역할을 담당하여, '여악(女
樂)'이라고도 불렸다. 한양의 기생들은 장악원에서 각종 악
기와 가무를 배웠고, 지방 기생들은 교방을 통해 악가무의
기예를 습득했다. 또한 기생들은 주로 지배계층의 사대부들
과 어울렸기 때문에 시서화뿐만 아니라 예절과 교양에도 깊
은 관심을 가졌다. 그녀들은 철저한 학습 속에 갈고 닦은 실
력으로 풍류가 있는 사대부들과 함께 주로 시와 창을 주고
받기도 했다. 교방의 관기들은 거의 매일 배우고 익히는 혹
독한 훈련을 했고 일정한 과정의 학습이 끝나고 나면 기생
의 우두머리인 행수기생의 통제에 따라야 했다. 행수기생은
엄정한 규율로 기생들을 다스렸으며, 기생들의 일과나 사소
한 생활까지 간섭하였다.

매창은 부안에서 어머니를 비롯하여 선배들로부터 가
르침도 받았겠으나 부안보다 큰 도시이자 비교적 가까운(40
여 킬로미터) 전주의 교방에 가서 본격적인 기생 수업을 받았

을 것이다. 지방기생의 숫자는 고을의 규모에 따라 달랐는데, 감영에는 100~200여 명의 기생이 소속되어 있었고, 목이나 부의 경우 60~80명, 군에는 40명, 규모가 가장 작은 현에는 10여 명이 있었다고 한다. 기생안 중에 가장 많은 수를 보여주고 있다는 1750년 전라 감영에도 32명밖에 없었을 만큼 감영 기생의 수적 통계는 일정치 않다. 당시 전주 교방의 기생 수는 30~40명 정도였던 것으로 아는데, 이들과 함께 매창은 기생으로서의 자질을 키워갔을 것이다. 차분한 성격을 지닌 매창은 기생에게 요구되는 전문가적 능력을 인정받을 만큼 최선을 다해 악기, 춤, 노래, 시문, 서예, 예법 등을 배우고 익혔음에 틀림없다. 재주를 타고난 데다 성실한 노력으로 매창은 점점 발군의 실력을 발휘하며 기량을 온전히 갖춰 한양에까지 이름을 날릴 수 있었다.

19세기 실학자 이규경(1788~1856)은 독서를 천명으로 여겼다는 청장관 이덕무(1741~1793)의 손자이다. 이규경은 호를 오대양 육대주의 의미를 지닌 '오주(五洲)'라고 할 만큼 동양의 유·불·도를 넘어 서양과 천주교에도 관심이 컸고 해박하였다. 그는 관직에 나가지 않고 오랫동안 저술 활동에 전념했는데, 전대까지의 학문적 성과를 집약하고 있는

『오주연문장전산고』의 집필은 의의가 매우 크다. 1,400여 항목을 설정하여 이미 있는 사실을 실증하고 다시 자기 견해를 보태는 '변증설'을 마련한 것이다. 이규경은 그 책[4]에서 국가행사 시에 가무를 능숙하게 공연할 수 있도록 기생들의 교육이 교방에서 활발히 이루어졌고 이러한 교방 교육을 통한 여악이 중국의 유명한 사대부들에 의해 칭송된 것은 이상한 일이라고 하면서 명이나 일본의 사신이 왔을 때도 이 여악을 사용했다고도 한 바 있다. 특히 조선 성종대에 기생의 본분에 충실하게 연회 분위기를 띄우고 무지한 남성들을 곤혹스럽게 하는 시적 유희와 풍자를 보여주었던 영흥 기생 소춘풍에 관한 이야기를 언급하며 융성한 시대의 운치 있는 일이었다고 평가하였다. 그러나 조선의 대부분의 기생들이 관아에 묶여 있다가 독립적으로 손님을 받아 영업하게 된 조선 후기 기방의 출현은 국가적 수요의 감소와 함께 그녀들의 위상이 약화되고 있음을 뜻했는데, 이규경은 당시 상황에 대해서 "지금 사람들은 기생집에 출입하며 놀기를 좋아하니 어찌 슬프지 않은가,"라고 하였다. 또한 『오주

4   이규경, 『오주연문장전산고』 경사편.

연문장전산고』를 통해 그는 고려에서 조선에 이르기까지 시를 잘 지은 '시기(詩妓)'를 아래와 같이 전했는데, 이 가운데 매창이 언급되고 있다.

조선 중기의 문인 권응인의 『송계만록』에, "우리나라 여자들의 시로 말하면, 삼국시대에는 알려진 것이 없고, 고려시대에 이르러 용성의 창기 우돌, 팽원의 창기 동인홍만이 시를 지을 줄 알았다고 하나 전하는 것은 없다. 그리고 송도의 삼절로 유명했던 황진이, 부안 기생 매창·추향, 호서 기생 설죽·취선, 진주 기생 승이교, 부안 기생 복랑, 성천 기생 일지홍 등은 모두 시에 능하기로 유명하다." 하였다. 기생으로서 시에 능하다는 것은 대단히 뛰어난 일이기 때문에 대략 말한 바이다.

이황의 제자였던 권응인은 서자 출신이었던 관계로 변변한 벼슬에도 오르지 못한 채 불우한 생애를 마쳤으나, 시문에 능하여 당시에 그를 상대할 이가 드물 정도였다. 권응인은 시 및 일화를 모은 『송계만록』에서 말하기를, 선조 때 15세의 진주 기생 승이교는 천성이 총명하고 작품이 정묘한 것으로 보아 성장하면 큰 시인이 되리라 했다. 마관(馬官) 김인갑의 사랑을 받아 시를 배웠는데, 그녀는 시법을 해

득했으며 작품이 청려한 데가 있었다고도 하였다. 대표적인 시가 "강양관 안에 서풍이 일어나니/뒷산은 붉게 물들고 앞강은 맑아/비단창에 달 밝으니 벌레 소리 목메어/외로운 베개 찬 이불에 잠 못 이루네(江陽館裡西風起 後山欲醉前江清 紗窓月白百蟲咽 孤枕衾寒夢不成)."(「가을밤에 생각하다(秋夜 有感)」)이다.

위에서 말한 이매창, 황진이, 승이교, 일지홍 등만이 아니라 많은 기생들은 웬만한 사대부 시인이나 가객 못지않게 뛰어난 글재주를 보여주었다. 특히 이사종, 서경덕 등과 교유한 황진이나 유희경, 허균 등과 친교를 가졌던 이매창의 경우처럼 당대 최고의 학식 있는 인물들과 왕래하며 스캔들의 주인공이 되는 경우도 있었다. 그녀들의 기예 및 문학적 소양이 그만큼 빼어났음을 짐작할 수 있게 하는 대목이다. 비록 신분은 천했지만 이매창을 비롯한 시기들은 뛰어난 능력을 통해 양반들과 풍류를 나누었고, 서로의 독특한 감각과 다채로운 감성으로 시를 주고받았다.

매창은 노류장화로 불리는 화류계의 몸이었지만 고귀한 천성은 그녀를 조금도 방탕하지 않게 하였고 타고난 시인으로서의 재능은 그녀를 끊임없이 성찰하게 했다.

2
유희경과 사랑하다

　　일찍이 기생으로서 고단함과 외로움으로 나날을 보내
던 매창에게 운명 같은 연인이 나타났다. 한양에서 이름을
날리던 42세의 문인 유희경(1545~1636)이 부안에 내려왔다
가 14세의 어린 매창을 만나게 된 것이다. 매창이 유희경을
만난 시기를 학계에서는 대개 1590~1591년, 매창의 나이
18~19세 무렵으로 추정하지만 나는 위와 같이 14세 때로
본다. 이는 김준형 교수의 견해와 같다. 1586년 유희경은 14
세의 매창을 보고 한눈에 반하게 되어 자신의 시문집[1]에 매

1　유희경, 『촌은집』 권1. 『촌은집』은 3권 2책으로 되어 있는데. 권1

창에게 주는 시 7편을 남기게 된다. 당시 한 기생에게 이렇게 많은 시를 지어주고 자기 문집에까지 넣는 일은 없었다.

유희경은 강화 사람으로 호는 촌은이다. 아버지 유업동은 종7품인 계공랑이었다고 전할 뿐 가계를 자세히 알 수는 없다. 유희경은 천민 신분이었으나 성품이 선량하고 소박하여 많은 사람들이 그에 대해 높이 평가했다는 기록이 여러 곳에 남아 있다. 특히 우리나라 역대 위인 천여 명을 기록한 『동국시화휘성』에 단군, 왕건, 이성계 등과 나란히 그의 이름이 올라 있다.[2] 무엇보다 신분 상승 이후에도 겸손함을 잃지 않았을 만큼 그의 인품이 뛰어났기 때문에 사람들로부터 존경을 받았다.

허균은 유희경에 대해 "그는 천민 노예이다. 그러나 사람됨이 청수하고 신중하며 충심으로 주인을 섬기고 효성으로 어버이를 섬기니 사대부들이 그를 사랑하는 이가 많았

에 칠언절구 132수 등 총 244수의 시가 수록되어 있다. 권2에는 부록으로 유희경에 대한 전(傳), 묘표, 묘지명, 행록, 유사를 실었다. 권3에는 기(記)와 서(序)가 실려 있으며, 유희경이 여러 사대부들과 주고받은 시가 함께 기록되어 있다.

2　KBS, 『역사스페셜5』, 효형출판, 2013, 289쪽.

다."[3]고 했다. 유희경은 허균의 형 허봉(1551~1588)과 친분이 있었고, 허균의 손윗동서인 이수광(1563~1628)과도 친한 사이였다. 이수광은 임진, 정묘년의 혼란한 시기에 관직을 맡아 뜻을 펼쳐보려 애쓰는 한편 사회의 다양한 분야에 관심을 갖고 저술을 통해 변화를 모색하였다. 그는 해박한 지식과 비판적인 사고를 결집한『지봉유설』에서 변방에 기생과 음악을 두는 제도를 만든 뜻이 지극하다고도 함으로써 기생의 본질적 기능이 여악에 있음을 뒷받침했으며, 기생의 죽음을 애도하는 시를 지어 바치기도 했다.

유희경보다 14세 아래인 어우당 유몽인(1559~1623)은 "천하의 일에 본(本)만 있고 말(末)이 없는 것은 없다."라고 말했고,『장자』의 우언적 기법을 활용하고자 했던 그의『어우야담』은 한국 야담집의 효시로 평가받는다. 이기적 인간이 되는 것을 경계해온 그는 16세기 성주 출신의 기생 성산월이 말년에 장흥의 돈 많은 창고지기의 첩이 된 것을 두고도 비난한 바 있다. 사심을 멀리하고 자유로운 삶을 원했던

---

3   허균,『성소부부고』권24,『성수시화』.

그는 유희경에 대해 쓴 전기[4]에서 "유생의 사람됨이 단아하고 공손하다."라고 했다. 유몽인은 누구나 동경할 만한 대제학에 추천되자 굶주린 아이들이 코 푼 덩어리를 떡인 줄 알고 다투는 것과 같은 짓은 하지 않겠다고 했던 위인으로서 광해군 복위 음모를 꾸몄다는 무고로 사형을 당했다.

활동의 폭을 좁혀 문학에만 관심을 쏟았다고 볼 수 있는 한문4대가의 한 사람인 택당 이식(1584~1647)은 "아름다운 꽃이나 기이한 돌은 없어도 골 안에는 솟아 나오는 샘물이 많아 그 소리를 들을 만하다."[5]라고 한 바 있다. 유희경보다 39세 아래인 이식은 유희경에 대해 "청허하고 욕심이 적어 가슴속에 더러운 찌꺼기가 남아 있지 않다."[6]라고 했다. 이식은 대사간을 세 차례 역임했고, 공사를 분명히 구분하였으며, 법도에 어긋남을 논하다가 인조의 노여움을 사서 좌천이 되기도 한 인물이다. 이와 같이 유희경을 아는 모두가 한결같이 그의 인격이 훌륭함을 피력하였다.

유희경은 남언경(1528~1594)의 제자였는데, 남언경은

---

4   유희경, 『촌은집』 권2, 유몽인, 「유희경전」.
5   이식, 『택풍당지』.
6   유희경, 『촌은집』 권1, 이식, 「촌은집 발문」.

서경덕(1489~1546)의 제자로서 조광조(1482~1519)를 기렸으며 최초의 양명학자라고도 불린다. 『촌은집』에 따르면 유희경이 열세 살 되던 해 아버지를 여의고 어머니마저 병석에 눕자 혼자 무덤 옆에 초막을 짓고 3년간 시묘살이를 했는데, 이것이 남언경의 귀에까지 들어가게 되었다. 남언경으로부터 정통 예법을 배운 유희경은 천민의 신분으로는 드물게 당대 손꼽히는 상례 전문가로 성장하게 되었다. 효행을 절대 가치로 여기는 조선사회임에도 불구하고 상례는 서민들은 물론 사대부들조차 이해하기 힘든 의례였다. 그리하여 유희경은 사대부가의 초상은 물론 국상까지 도맡아 자문을 하면서 이름을 떨쳤다. 광해군을 풍자했다가 옥에 갇힌바 있는 선비 조우인(1561~1625)이 "당시 사대부들조차 예법에 관한 한, 그를 따라잡을 자가 드물었다."[7]라고 했을 만큼 유희경은 예법에 아주 밝았던 인물이다. "양예수는 뒷문으로 나가고 유희경은 앞문으로 들어온다."[8]라는 소문이 떠돌았다고 한다. 사람이 죽었으니 허준의 스승이었던 의사

7   유희경, 『촌은집』 권2.
8   유희경, 『촌은집』 권2, 남학명, 「행록」.

양예수(?~1597)는 면목이 없어 뒷문으로 빠져나가고 상례 전문가인 유희경은 장례를 치르기 위해 대접을 받으며 앞문으로 들어온다는 뜻이다.

유희경은 상갓집에 불려 다니는 틈틈이 시를 공부하고 시 짓기를 즐겨 했다. 그리고 독서당을 드나들면서 젊은 학자들과 시를 주고받는 가운데 영의정을 지낸 사암 박순(1523~1589)에게 눈에 띄어 그로부터 당시(唐詩)를 배웠다. 서경덕의 제자로 늙을수록 청렴했고 특별히 율곡 이이(1536~1584)를 아낄 만큼 개혁적이었던 박순은 그 시대의 화려한 시적 경향을 비판하고 담백한 시를 추구한 탁월한 시인이었다. 유희경은 한마디로 조선 중기의 풍류 시인으로 한시를 잘 지었다. 시풍이 여유롭고 담담하여 사대부들로부터 당시에 가깝다는 평을 들었다. 홍만종(1643~1725)이 그의 시를 두고 '청절하다'고 하는 등 많은 사람들은 그의 인품에 따라 시도 '깨끗하다'고 보았다. 허균은 "유희경이 시 창작에 매우 완숙함을 보였다."라고 하면서 "유희경의 시평에 대해 양응정이 극찬하였다."라고 말한 바 있다.[9] 송천 양응정(1519

---

9   허균, 『성소부부고』 권24, 『성수시화』.

~1581)은 시문에 능하여 선조 때 8문장의 한 사람으로 뽑혔던 인물이다.

일찍이 창덕궁 서북쪽의 요금문 밖에 유희경의 옛집이 있었는데,[10] 유희경은 음유시인들과 활발하게 교류할 만한 '침류대(枕流臺)'라는 별장을 갖게 되었다. 그는 북촌의 정업원[11] 아래 창덕궁 옆을 흐르는 계곡에 작은 집을 짓고 이곳을 '침류대'라 했던 것이다. 이 침류대는 그의 시문집에서도 알 수 있듯이 후대 효종(재위 1649~1659)의 계비를 위한 만수전을 지으면서 궁궐 확장 공사에 의해 궐 안으로 들어가게 되었다. 이수광은 침류대의 풍경을 무릉도원에 비유하여, "너른 바위 주위에는 복숭아나무 여러 그루가 둘러 있고, 시냇물 양쪽으로는 꽃비가 흩뿌리니 비단 물결이 춤추는 것 같다. 옛날의 무릉도원이 이보다 더 좋지는 못했을 것이다."[12]라고까지 말했다.

유희경은 이 침류대에서 풍류를 즐겼는데, 임진왜란

---

10 유본예, 『한경지략』.
11 고려시대부터 존속했던 정업원(현 청룡사)은 조선시대 자식 없이 과부가 된 후궁들을 위해 마련된 절이다.
12 유희경, 『촌은집』 권3, 이수광, 「침류대기」.

이후 이곳에는 내로라하는 문인 학자들과 고관대작들이 제집 드나들듯 출입하게 되었다. 장안의 명소가 된 이 침류대를 일컬어 17세기 후반 조선의 '문화 사랑방'이었다고 평하기도 한다. 당시 이곳을 찾던 사람들은 청빈한 재상으로 유명한 이원익을 비롯해 박순·허균·이식·유몽인·장유·김상헌·이안눌·이수광·신흠·권필·이정구·차천로·조우인 등이다. 이들은 대체로 화담 서경덕의 학풍의 영향을 받아 개방적인 편이었다. 유희경은 침류대 주위의 북악단풍 등 20경(景)을 시로 읊었으며, 당대 수많은 문인들과 교류하면서 시집 『침류대시첩』을 엮기도 했다. 유희경은 1625년 봄 침류대에서 성대하게 시모임을 열고 이를 그림으로 그렸으며, 이때 한준겸이 이 〈침류대부시도(枕流臺賦詩圖)〉라는 그림을 보고 시를 지어 보내기도 했다.

유희경은 강옥서·박지화·백대붕·최기남·최대립 등 자기와 신분이 같은 하층민들과 침류대에서 자주 시모임을 가졌다. 그는 임진왜란 전에는 백대붕(?~1592)과 함께 '풍월향도'라는 시모임을 만들어 주도하였다. 젊은 시절부터 유희경과 친하게 지낸 백대붕은 배를 제작하고 수리하는 전함사의 노비였는데 그 역시 시를 잘 지었을 뿐만 아니라 재주가 뛰어나며 협객의 풍모가 있었다. 풍월향도는 평민 문학 모임의 표본이었는데, 양반 중심의 조선사회에서 미천한 신분으로 시를 짓는다는 것은 상식을 넘어서는 일이었다. 풍월향도에는 이름 있는 사대부들도 참가하여 일대 장관을 이루었다. 당시의 정황이 『촌은집』 3권에 자세히 기록되어 있다. 이 시회는 백대붕이 임진왜란 중에 사망하고 유희경이 전란 후 신분이 격상되면서 그 활동이 중지되었다. 그 후 풍월향도는 삼청동에 모여 시적 교류를 하던 '삼청시사'에 그 임무를 넘겨주었다. 삼청시사는 유희경의 제자인 최기남(1586~1619)을 중심으로 아전, 서리 등 중인 이하 계층의 사람들이 모여서 특유의 문학 세계를 이루어가던 살롱이었다. 궁노의 위치에 있었으나 시를 짓는 재주가 사대부들 사이에 널리 알려졌고 사신을 따라 일본에 가서 재능을 과시할 수 있었던 최기남은 위항문학[13]을 시작한 인물로 언급된다. 삼청시사는 여섯 사람이 주고받은 시들을 모아 1668년에 마침내 위항문학 최초의 『육가잡영』이란 시집을

---

13   위항이 좁은 골목길 또는 초라한 동네를 뜻하는바 위항문학은 중인 이하의 서민 계층의 문학이다.

발간하였다. 풍월향도에서 시작된 위항문학은 1786년 최창규를 비롯한 13명이 인왕산 옥계의 청풍정사에 모여 결성한 '옥계시사'를 거쳐 점점 확대 발전해갔다. 유희경은 침류대 정자에서 시인 묵객과 어울리며 후진을 가르치다 말년에는 스승 남언경을 도와 도봉산에 도봉서원을 짓고 그 곳에서 유유자적하며 여생을 보내다 92세로 생을 마감했다.

매창은 어릴 때 아버지에게 한문을 배웠고 워낙 재주가 많아 시도 잘 지었다. 또한 매창은 거문고에 뛰어나 한양까지 이름을 떨치고 있었다. 유명한 시인이 된 유희경이 소문을 듣고 어느 날 매창을 찾아가기에 이르렀다. 유희경은 예학의 스승이었던 남언경에게 자문을 구하고자 전주에 내려갔다가 잠깐 시간을 내서 부안에 있는 매창을 만났을 것이다. 당시 남언경은 전라도 관찰사로 전주에 살고 있었는데 거기서 유희경은 스승과 이야기하며 10여 일 머물렀었다. 한편 유희경이 이매창을 만난 것은 고경명(1533~1592)이 궐기한 의병에 참여하기 위해 광주로 내려가던 길이었다고도 한다. 어쨌든 그때 유희경의 나이 이미 사십을 넘었고, 이매창은 스물도 안 된 꽃다운 나이였다.『촌은집』2권에서는 유희경이 젊었을 때 남도를 여행하던 중 매창을 찾아갔는데 둘은 스물여덟 살의 나이 차이가 난다고 했다.

매창과 유희경이 처음 만난 것은 1586년 봄날이었다. 두 사람은 보자마자 익히 알고 지낸 사이처럼 반가워했고 뜻이 맞아 서로 깊이 사귀게 되었다. 유희경도 전부터 매창의 명성을 듣고 있었지만 매창도 시인으로 이름이 높던 유희경에 대해 이미 듣고 있었다. 유희경의 시문집에 따르면 다음과 같은 기록이 있다.

젊은 시절 부안을 지날 때였다. 자기를 찾아온 유희경이 한양의 시인이라는 말을 듣고 이름난 기생인 계생이 물었다. "유희경과 백대붕 가운데 누구신지요?" 대개 유희경과 백대붕의 이름이 먼 지역까지 알려졌기 때문이다. 유희경은 일찍이 기생을 가까이하지 않다가 이에 이르러 파계를 했다. 시와 풍류로써 통했기 때문이다.

앞에서 말했듯이 유희경은 천민 출신의 백대붕과 같이 '풍월향도'라는 시모임의 리더였다. 형제처럼 지내던 유희경과 백대붕은 함께 시를 잘 짓기로 소문이 퍼져 '유백(劉白)'이라 불리기도 했다. 매창도 이들의 명성을 알고 있었던 것이다. 위의 글은 조선 중기의 학자 남학명(1654~1722)이 지은 유희경에 대한 「행록」[14] 중 일부이다. 남학명은 영의정 남구만(1629~1711)의 아들로 오직 학문에만 전념한 인물이다. 유희경이 죽은 뒤 많은 사람들이 글을 써주었지만 매창과의 관계를 언급한 글로는 유일하다. 매창과 유희경의 첫 만남을 전하는 내용으로, 살아오는 동안 뭇 여성을 가까이 하지 않았던 유희경이 '파계했다'는 충격적인 말을 들을 정도로 매창의 매력에 푹 빠지고 말았음을 알 수 있다. 기생이면서도 다른 남자들에게 속정을 주지 않고 있던 매창 또한 유희경을 만난 일을 두고 '신선이 땅 위에 내려왔다'는 표현으로 감격을 술회한 적이 있다. 이렇듯 두 사람의 만남은 강렬하고 운명적이었다고 할 만하다. 매창과 유희경은 서로의 시적 재능과 진실한 인간성에 감화되어 쉽게 하나가 되었다. 다만 의아스러운 것은 매창의 문집 속에 유희경과의 관계를 확인해주는 시가 없다는 점이다. 두 사람이 주고받은 7편의 애틋한 연정시는 모두 유희경의 『촌은집』에서만 볼 수

14 유희경, 『촌은집』 권2, 남학명, 「행록」. 행록이란 한 사람의 일대기(말이나 행실)를 요약한 기록이다.

있다.

　스물여덟 살이나 연상인 데다가 천민 출신 남성과의 사랑은 흔한 일이 아니다. 많은 양반들의 유혹과 사랑을 받으며 명성이 높았던 매창이기 때문이다. 매창은 남달리 순수한 여성이었다. 오히려 자기와 같이 신분이 낮은 유희경에게 강하게 끌렸고 시를 지어가며 풍류적으로 공감이 가능했기에 깊이 소통할 수 있었다. 유씨 성을 가진 선비 하나가 전주 기생 이홍옥에게, 기생이 사람을 가까이하는 데는 세 가지 이유가 있어서라 들었다면서 첫째는 돈 많은 부자이고 둘째는 얼굴이 잘생긴 젊은이이며 마지막으로 벼슬이 높은 유명인사라고 말한 이야기도 전한다.

　어린 기생 매창과 중후한 남성 유희경과의 만남은 극적으로 이루어졌고 두 사람의 사랑은 시를 매개로 더욱 공고해졌으며 그들의 애정에 의해 시세계 또한 한 차원 높이 올라섰다. 이 무렵 그들이 주고받은 사랑의 시들이 많으며 그 일부가 전하고 있다.

　매창이 유희경을 만나기 전부터 그의 존재를 알고 있었던 것처럼 유희경도 소문이 자자한 매창에 대해 듣고 있었음은 그가 매창을 처음 만난 날 그녀에게 주었다는 시 「계랑에게 주다(贈癸娘)」(『촌은집』)를 보아도 알 수 있다.

남쪽 지방 계랑의 이름을 일찍이 들었으니　　曾聞南國癸娘名
글재주 노래 솜씨가 도성에까지 울렸어라.　　詩韻歌詞動洛城
오늘에야 참모습을 대하고 보니　　　　　　今日相看眞面目
선녀가 하늘에서 내려온 듯하구나.　　　　却嶷神女下三淸

　여기서도 확인되듯이 매창은 시를 짓고 노래하는 데 천부적인 재능을 가졌다. 유희경은 부안에 내려와 직접 매창을 보고 나서, 그녀에 대한 명성이 헛소문이 아님을 알게 되었다. 그는 매창의 그윽한 매력에 흠뻑 빠져, 마치 '선녀가 하늘에서 내려온' 것 같다고 표현했다. 시와 함께 순수한 영혼으로 살던 유희경과 매창은 만나면서부터 서로 '신선' 그리고 '선녀'라 감동하며 사랑을 키워갈 수 있었다. 우리는 이 모습을 통해 조선이 엄격한 신분 질서와 윤리적 테두리 속에서도 자유롭고 진솔한 사랑이 이루어질 수도 있는 사회였고, 양반이 아니어도 글을 배울 수 있고 시를 짓고 풍류를 즐길 수 있던 사회였음을 깨닫게 된다. 조선 중기까지의 사회는 성별 또는 신분의 벽이 아직 강고해지지 않았음을 알 수 있다.

유희경은 어린 매창을 귀여운 연인으로 생각하고 무척이나 사랑했던 듯하다. 매창이 기분이 언짢아서인지 얼굴을 찡그렸을 때, 유희경은 세상에서 구할 수 없는 보약 하나가 자신에게 있음을 다행스럽게 여겼다. 위 시와 제목이 같은 또 한 수의 「계랑에게 주다」라는 시를 보자. "내게 선약 하나가 있으니/고운 얼굴의 찡그린 모습을 치료할 수 있지./비단 주머니 속에 깊이 간직해두었다가/사랑하는 사람에게만 주고 싶구나(我有一仙藥 能醫玉頰顰 深藏錦囊裏 欲與有情人)." 우울한 표정 하나에도 신경을 쓰고 찡그린 얼굴까지도 예뻐하며, 그녀를 달래주고자 하는 유희경의 애틋한 마음을 엿볼 수 있다. 「장난삼아 계랑에게 주다(戱贈癸娘)」라는 시는 그들의 사랑을 더욱 구체적으로 드러냈다. 아마 유희경이 잠자리에 들기 전에 매창을 놀리는 장면 같다. "버들꽃 붉고 요염해도 봄은 한때일 뿐/고운 얼굴에 주름이 지면 펴기 어렵지./선녀인들 독수공방 쓸쓸함을 어이 견디리/무산의 운우나 자주자주 내려보세(柳花紅艶暫時春 獺隨難醫玉頰顰 神女不堪孤枕冷 巫山雲雨下來頻)." 화려한 꽃도 시들기 마련이듯 인간도 늙기 마련이요, 자연의 변화 속에서 삶의 여정이 이루어짐은 당연하다. 그러기에 인간관계도 음양의 이치를 벗어날 수 없고, 이에 무산의 '운우지정'도 자연스럽게 피어오른다. 초나라 회왕(재위 BC 329~BC 299)이 사천성 무산에 사는 선녀와 동침을 하며 황홀경에 이른 고사는 남녀 간의 은밀한 정사에 단골로 등장한다.

그러나 유희경은 부안에 오래 머물지 못하고 한양으로 떠나야 했다. 두 사람은 며칠 안 되는 기간이나마 깊은 정을 나누었을 것이나 회포를 풀기에는 너무나 짧은 시간이었기에 서로가 헤어지기 참으로 곤혹스러웠을 것이다. 매창은 유희경을 만난 행복감과 더불어 떠나보내야 하는 아쉬움을 「이별을 한탄하다(別恨)」라는 시로 대신했다.

> 임 떠난 내일 밤이야 짧고 짧아지더라도　　　　明宵雖短短
> 임 모신 오늘 밤만은 길고 길어지소서.　　　　今夜願長長
> 닭 울음소리 들리고 날은 곧 새려는데　　　　鷄聲聽欲曉
> 두 눈에선 눈물이 하염없이 흐르네.　　　　雙瞼淚千行

만남은 짧은 순간에 그치고 어느새 두 사람은 이별에 직면하여 초조해하고 있다. 주안상 앞에서 두 사람은 말을 잇지 못하고 속절없이 술잔만 비워야 했다. 밀려드는 슬픔과 흐르는 눈물만이 자리를 가득 채웠다. 아쉬움과 애석함이 복받쳐 올라 매창은 곁에 놓인 거문고조차 더 이상 연주하지 못했다. 그녀가 읊는 시에는 가슴이 미어지는 서글픔과 처절함이 묻어났다.

부안에서 잠깐 만나고 헤어진 두 사람은 더욱 잊지 못하고 서로 애타게 그리워했다. 사나이긴 하지만 유희경 역시 매창을 잊지 못하기는 마찬가지였다. 만나지 못하면 못할수록 그리움은 커지기 마련이요 멀리 떨어져 있는 만큼 재회의 희망도 사그라지는 데 안타까움은 깊어갔다. 이에 유희경은 다음과 같이 매창의 시에 화답하는 「계랑을 그리워하다(懷癸娘)」(『촌은집』)라는 시를 지어 보냈다.

그대 집은 부안에 있고	娘家在浪州
나의 집은 한양에 있도다.	我家住京口
그리워하면서 만나지 못하니	相思不相見
오동잎에 떨어지는 빗소리 애간장 끊네.	腸斷梧桐雨

행복을 느끼던 시절은 한순간이었고 이별의 시간은 길어서 두 사람은 서로 슬프고도 괴로워하는 시를 남겨야 했다. 유희경도 매창을 향한 마음이 간절할 수밖에 없었다. 그는 매창을 한편으로는 위로하면서도 그리움을 격렬하게 표

출하였다. 널따란 오동잎에 떨어지는 빗소리가 마치 자신의 창자를 끊어내고 가슴을 저미게 하듯 이별의 아픔을 토로하고 있다. 불우한 환경 속에서 살아온 두 사람은 정서적 교감이 수월한 시를 매개로 서로의 사랑을 확인했다. 유희경은 시도 때도 없이 매창이 보고 싶어 시를 지었다. 그의 시문집에는 「길을 가다 계랑을 생각하다(途中憶癸娘)」라는 제목 아래 "청조도 날아오지 않아 소식조차 끊어지니/벽오동에 찬 비 내리는 소리 견딜 수 없어라(青鳥不來音信斷 碧梧涼雨不堪聞)."와 같은 시구도 전하고 있다. 사랑하는 사람을 자주 만나지도 못할 뿐만 아니라 한 번 만나고는 헤어져 그리워하는 심사가 잘 표현되었다. 여자와 떨어진 한 남자의 아픔이 이 정도로 클까 하는 느낌마저 드는 애절한 사랑가이다. 기쁨의 시간은 빠르게 흘러가고 기다리는 시간은 지루하기만 하다. 인적이 끊긴 곳엔 빗소리마저 원망스럽다.

유희경이 매창을 사랑했듯이 매창 또한 유희경을 사랑했다. 매창은 다음과 같이 간절하게 그리움을 호소했다. 이는 매창의 유일한 시조로서 사실 매창이라고 하면 바로 떠오르는 작품이기도 하다. 배꽃이 비바람에 날리던 봄에 이별한 뒤 시간이 흘러 잎이 떨어지는 가을날 문득 임이 생각났다. 자신이 생각하는 것처럼 임도 자기를 생각하는지 알수 없어 안타까울 뿐이다. 매창은 애타게 임을 기다리지만 임에게서는 소식이 없다. 특히 봄비에 떨어지거나 봄바람에 비처럼 흩날리는 배꽃은 이별의 아픔을 적절히 전해준다. 연모가 솟구치니 자신을 달래려는 마음보다 임을 미워하고 원망하는 심경이 더 세다. 매창은 그리던 임을 꿈에서나 만나야 했다.

> 이화우 흩날릴 제 울며 잡고 이별한 임
> 추풍낙엽에 저도 날 생각하는가
> 천리에 외로운 꿈만 오락가락 하도다.

이 작품은 흥선대원군(1820~1898)의 막강한 후원 속에 가곡을 발전시켜오던 스승 박효관(1781~1880)과 제자 안민영(1816~1881?)이 지은 『가곡원류』(1876)에 실려 있다. 『가곡원류』는 이름 그대로 원류가 분명한 가곡을 정리한 책으로 근거 없는 소리가 난무하면서 정악으로 자부해온 가곡이 쇠퇴하는 것을 두고 볼 수 없어 편찬한 것이었다. 매창의 작품은 여창가곡 중에서 가장 느린 속도인 '이수대엽'의 하나로 노래되고 있다. '이수대엽'은 가곡 한 바탕의 두 번째 곡으로 '둘째치'라고도 하며, 가곡 한 바탕 중에서 가장 느리게 노래하기 때문에 '긴것'이라고도 불린다. 『가곡원류』에서는 '이수대엽'을 "공자가 은행나무 밑에서 설법하고 비와 바람이 순조롭고 고르다."라고 설명하였다. 시조 아래의 주석에는 "촌은이 한양으로 돌아간 뒤 소식이 없었다. 이에 이 노래를 지어 수절했다."고 기록되어 있다. 이로써 그녀가 유희경만 사랑하면서 평생 정절을 지킨 열부로 인식되었다. 그러나 실제로 매창은 유희경이 떠난 후에도 관기 즉 공적 존재로서의 의무를 수행하며 지냈다고 해야 할 것이다. 기생의 정절이 본질적으로 정신적 순결에 해당함을 상기시키는 대목이기도 하다.

무엇보다 임진년에 일어난 국난은 전례 없이 7년에 걸쳐 진행되었고, 긴 전쟁은 사랑에 빠진 둘을 잔인하게 갈라놓았다. 임진왜란으로 풍전등화의 위기에 처한 조국을 지키기 위해 여념이 없었던 유희경은 매창에게 소식을 전하지 못했고 그사이 재회는 기약이 없을 만큼 멀어지고 말았다. 생이별을 하게 된 매창은 무작정 그가 돌아오기만을 기다려야 했다. 매창의 「옛님을 그리워하다(故人)」라는 시를 보면 개인의 행복한 삶을 덮어버린 불가피한 전쟁 상황이지만 임에 대한 원망을 버리지 못했던 매창의 입장을 느끼게 된다. 강렬한 자존심과 순정한 태도로 자신을 다스리고 있는 데서 오히려 외로움과 애석함이 짙게 묻어난다. 어느새 날씨는 추워지고 쌀쌀함이 어둠의 깊이를 더하며 한밤중에 매창은 많은 눈물을 흘려야 했다.

> 소나무 잣나무 같이 굳게 맹서했던 날   松柏芳盟日
> 우리의 사랑은 바다처럼 깊기만 했어라.   恩情與海深
> 멀리 떠난 임께선 소식도 끊어졌으니   江南靑鳥斷
> 한밤중 아픈 마음을 나 홀로 어이할까.   中夜獨傷心

　이는 임진왜란 이후의 작품이라 여겨진다. 길을 가다 가도 매창을 그리워하는 시를 짓기까지 했던 유희경이지만 국가적 재난 속에 소식을 전할 겨를이 없었을 것이다. 전란에 허덕이는 임을 머릿속으로 이해 못할 것은 아니었으나 매창의 마음으로는 유감스럽고 애통하다. 유희경이 매창을 늘 잊지 못했던 것처럼 그녀는 유희경을 진정으로 사랑했다. '송백'같이 변함없고 '심해'처럼 깊은 사랑을 염원했던 만큼 외로움이 컸던 그녀는 속이 타는 듯한 아픔을 숨김없이 표현했다. 유희경이 매창을 그리워하며 지은 시가『촌은집』(권1)에만도 15수가 전할 만큼 그가 매창을 깊이 사랑했듯이 매창은 유희경을 청춘을 바쳐 연모하였다.

유희경은 임진왜란 때 전공을 세워 벼슬까지 얻었다. 『선조실록』에 따르면, 노비가 적군 하나를 참수하면 면천을 허락하고, 적을 둘 이상 참수하는 경우 그 수에 따라 수문장 등의 직위를 주었다. 유희경은 전란이 발발하자 의병을 모아 유성룡(1542~1607)을 도와 나라에 충성을 다해 싸웠고, 당시 조정의 고민거리였던 중국 사신들의 접대 비용 마련에 해결책을 제시하기도 했다. 그리하여 천민으로서 통정대부(정3품)라는 당상관 품계를 받는 유례 없는 인물이 되었고 가의대부(종2품)까지 지냈다. 신분사회에서 유희경이 다섯 차례에 걸쳐 벼슬자리에 오르며, 현 서울시장에 해당하는 한성부윤(정2품)으로까지 추존될 수 있었던 것은 놀라운 일이다.

물론 국란에 대처하고 그 후 공무로 분주한 생활 속에서 유희경은 매창을 만나기 어려웠을 것이다. 하지만 부안에 내려가기 힘들었던 다른 이유를 추정해본다면, 그는 일반 사대부들보다 훨씬 더 예학에 밝은 사람이기 때문이었을 것이다. 성리학적 가치관으로 볼 때, 뭇 여성을 가까이하거나 부적절한 관계를 갖는 것은 옳지 못하다. 더욱이 아내가 있는 몸으로 멀리까지 기생을 만나러 간다는 것은 도리에 어긋나는 일이다. 유희경의 부인 허씨는 남편보다 22년 연하이고 슬하에 아들이 여섯인데 모두 출세했으며 특히 장자 일민은 한성부 판윤 벼슬에 오르는 등 다복한 가정이었다. 유희경으로서는 매창을 그리워하더라도 실천에 옮기는 것이 그리 쉬운 일은 아니었다.

사실 매창은 유희경이 전란 중 활동한 것이나 그 후 벼슬하고 있음을 들었다. 그가 침류대를 짓고 저명인사들과 잘 지내고 있으며 시인으로 높은 명성을 구가하고 있다는 소문도 함께 듣고 있었다. 임의 소식을 들으니 더욱더 보고 싶었을 것이다. 비록 짧은 기간이었지만 진실로 마음을 주었던 연인을 떠나보낸 매창은 속으로 깊은 상처를 받았다. 이후에 쓰인 그녀의 시들이 임에 대한 그리움을 넘어서 슬픔과 탄식을 드러내고 있는 것도 이 때문이다.

차가운 봄날이라 겨울옷 꿰매는데   春冷補寒衣
여인의 방에는 햇살이 비치네.   紗窓日照時
숙인 머리 손길 따라 맡기는데   低頭信手處

구슬 같은 눈물 바늘과 실에 떨어지네.　　　　珠淚滴針絲

　　여자의 본업이라는 바느질조차 할 수 없을 정도로 피폐해진 마음이 느껴지는 매창의「스스로 한탄하다(自恨)」라는 시이다. 이매창과 유희경 두 사람의 깊은 관계와 뜨거운 만남은 애석하게도 지속되지 못하였다. 한 조각 기별도 없이 서로 떨어져 있는 가운데 세월만 자꾸 흘러갔으니 자연스럽게 외로움과 서러움도 쌓여갔을 것이다.

　　두 사람은 헤어지고 한참 지난 뒤 선조 36년(1603)경에 한 번 해후했을 뿐이다. 임진왜란에서의 공훈으로 유희경이 당상관에 오른 후 잠깐 내려와 매창을 만날 수 있었다. 전라 관찰사이던 한준겸이 생일잔치를 열었을 때 친분이 있던 유희경은 참석을 하게 되었고 거기서 매창을 만났을 것이다. 그리고 두 사람은 부안에서 만나 열흘 정도 회포를 풀었다. 언제고 다시 만나 시를 지으며 열흘 동안 함께 보내자는 약속을 지켜야 했기 때문이기도 하다.
　　다시 만났을 때 59세나 된 유희경은 31세의 매창에게「다시 계랑을 만나다(重逢癸娘)」라는 시를 지어주었다.

"예부터 임 찾는 것은 때가 있다 했는데/번천께선 무슨 일로 이리도 늦으셨는가/내가 온 것은 임을 찾으려는 뜻만 아니 /시를 논하자는 열흘 기약이 있었기 때문이네(從古尋芳自有時 樊川何事太遲遲 吾行不爲尋芳意 唯趁論詩十日期)." 유희경은 이 시 끝에 "내가 전주에 갔을 때 매창이 나에게 '열흘만 묵으면서 시를 논했으면 좋겠다'고 했기에 이렇게 쓴 것"(『촌은집』)이라는 설명을 달아놓았다. 처자가 있는 유부남으로서 오래 머물 수 없었을 유희경의 처지를 느끼게 하는 대목이다. 외롭고 고통스러운 이별의 시간을 견딘 끝에 비로소 맞게 되는 반가움과 기쁨, 미안한 마음에서 일어나는 재회의 명분 등 복잡한 심정을 고스란히 보여준다. 이 시에서 유희경이 자신을 비유한 번천은 당나라 시인 두목(803~852)의 호를 가리킨다. 매창이 좋아하던 두목은 시를 잘 지었음은 물론 강직한 성품의 소유자로 속된 세상을 풍자하며 당의 쇠운을 만회하려 무한히 노력했고, 외모가 번듯하여 기생들 사이에 이름이 높기도 했다.

　　너무나 오랜만에 유희경을 만난 매창에게 긴 시간을 기다리게 한 상대방에 대한 원망이나 미움이 일어남은 자연스럽다. 그렇지만 여리고 섬세한 감성을 지닌 매창은 임에 대한 독실한 사랑을 그대로 간직하고 있었다. 그러나 그들은 18년 만에 만났다가 겨우 10일 만에 다시 헤어져야 했다. 밤새 시름으로 뒤척이다보니 몸마저 온전치 못했다. 매창의 「규방에서 원망하다(閨怨)」란 작품이다.

이별이 너무 서러워 중문 걸고 들어앉으니	離懷消消掩中門
비단 옷소매엔 향기 없고 눈물 흔적뿐이네.	羅袖無香滴淚痕
홀로 있는 깊은 규방 외롭기만 한데	獨處深閨人寂寂
뜰에 내리는 보슬비는 황혼조차 가리네.	一庭微雨銷黃昏
그리워도 말 못 하는 애타는 마음	相思都在不言裡
하룻밤 시름으로 흰머리 반이로다.	一夜心懷鬢半絲
저의 고통스러운 마음 알고 싶거든	欲知是妾相思苦
금가락지 헐거워진 손가락 보세요.	須試金環減舊圓

그리움이 길수록 만남의 기쁨은 부풀어 오르기 마련이나 두 사람의 재회는 처음 만났을 때만큼 설레고 절절하지는 않았던 것 같다. 세월이 너무나 많이 흘렀기 때문이다. 그래도 여전히 서로 잊지 못해 애태우는가 하면 매창에겐 더욱 서러움이 북받쳐 오르고 뜨거운 눈물이 흘러내렸다. 오랜 세월이 지나 가까스로 다시 만났건만 그들에겐 짧은 시간밖에 허용되지 않았다. 함께 시를 논했던 유희경은

다시 한양으로 돌아갔고, 두 사람은 인연을 더 잇지 못한 채 이것이 마지막이 되었다. 매창은 얼마 지나지 않아 세상을 떠났기 때문이다.

유희경은 열흘을 만나고 헤어진 뒤로 다시 만날 기약이 없음을 안타까워하면서 「계랑에게 부치다(寄桂娘)」라는 시도 지어 보냈다. 전과 달리 비교적 담담하게 소회를 읊은 유희경에게 매창은 「봄날에 근심 일다(春愁 2)」라는 시를 지어 화답하였다. "지난해 오늘 저녁은 즐겁기만 해서/술동이 앞에서 이 몸은 춤까지 추었지./선성의 옛 임은 지금 어디에 계신가./섬돌 위에 쌓인 꽃잎만 지난날에 봄이 있었음을 아는 듯(曾年此夕瑤池會 我是樽前歌舞人 宣城舊主今安在 一砌殘花昔日春)." 사랑이 예전 같지 않음을 아쉬워하는 모습이 느껴진다.

도덕적 삶을 살고자 했던 유희경의 생애답게 그에게서 매창 이외의 다른 여인들에 대한 언급이 전혀 없는 점에 비춰볼 때 매창은 유희경을 파계시킨 독보적 존재요, 그녀는 유희경에게 단 한 사람의 연인이었던 셈이다. 유희경은 말년에 지은 시들을 통해서도 여전히 속으로 매창을 그리워했음을 보여주고 있다. 이 애틋한 연시들은 어느 것으로도 대신하지 못할 만큼 사랑의 힘이 세다는 점을 증언한다. 매창 또한 죽어가면서도 유희경에게 사실을 알리고 싶지 않을 만큼 그를 진정으로 사랑했다.

　매창은 기생이면서도 매화로 호를 삼을 정도로 절조를 중시했고, 유희경은 천민이면서도 예법을 최고의 가치로 여기며 살았다. 가장 낮은 신분에서 의기투합하며 두 사람은 열정으로 나이 차이를 극복하고 시와 풍류로써 자유로이 교감했으며 순수한 성품으로 진정 사랑할 수 있었다. 비록 만남은 짧았지만 그들의 가슴 속에 품은 사랑과 예술과 아름다운 정신은 지금도 빛나고 있다. 2016년에는 〈매창－꽃으로 피다〉라는 제목을 붙인 무용극이 전북도립국악원에 의해 성황리에 상연된 바 있다. 매창과 유희경의 사랑에 먹먹해졌다고들 할 만큼 관중의 호응 속에 막을 내렸다. 부안을 고향으로 시작 활동을 했던 시인 신석정(1907~1974)은 이매창·유희경·직소폭포를 가리켜 '부안삼절'이라고 불렀다. 매창과 유희경의 관계를 황진이와 서경덕의 관계에 비유한 것이다. 유희경과 이매창의 시비가 헤어진 두 사람의 깊은 슬픔을 나타내고자 세로로 길게 쪼갠 형태로 서울시 도봉구 도봉동 414 북한산 국립공원에 있다.

3
한양 객지에서 떠돌다

　기생이란 노류장화라 하여 돈만 주면 맘대로 취할 수 있는 하찮은 존재로 인식되기도 하던 시절에 자존심도 강하고 자질도 뛰어났던 매창이었다. 그러나 어쩔 수 없이 기생으로서 부안 사또(현감)의 눈에 들어 순결을 바치게 되었을 것이고, 당시의 제도나 풍습에 따라 굳게 맺은 약속들은 물거품이 되듯이 자연스럽게 기생 매창은 홀대받는 처지였을 터이다. 철석같이 믿고 마음을 주었던 남성들에게 버림을 받는 기생들처럼 그녀는 몹시 실망하고 상당히 괴로웠을 것이다.

　앞서 말했듯이 매창은 태어난 지 겨우 석 달 만에 어머니와 사별하고 홀아버지 밑에서 그런대로 귀여움을 독차지하며 컸다. 그러나 12세가 됐을 때 아버지마저 돌연사함에 따라 그녀는 순식간에 의지할 곳이 사라지고 말았다. 그리하여 당시 부안현감이던 서우관의 도움으로 관아에 들어가게 되었다는 것이다. 그런 가운데 매창은 운이 좋게 유희경을 만나 참된 사랑을 구가할 수 있었다. 그녀가 교류했던 사람 중에 가장 가까웠던 사람이 유희경이었으나 그와의 만남도 길지는 않았다.

그 무렵 알고 지내던 서우관이 한양으로 전보되어 돌아가기 전에 그녀로 하여금 수청을 들게 하고는 떠나버렸다는 말도 있다. 그리고 그녀의 원망과 탄식이 이때부터 비롯되었으며 드디어 매창은 기생이란 직업에 혐오감을 갖고 남성들의 횡포와 배신에 분노를 느끼기 시작했을 것이라고도 한다.

이능화는 "계생은 부안 기생으로 호는 섬초인데 진사 서우관의 사랑을 받아 한양으로 올라갔다."라고 말했다. 물론 이능화는 1927년 정초부터 『중외일보』에 연재되었던 안

---

1   이능화, 『조선해어화사』 30장.

왕거(1858~1929)의 『열상규조』[2]를 발췌하여 수록한 것이다. 그런데 혹자의 지적대로 매창이 서우관을 따라 한양으로 갔다는 주장이 다른 곳에는 나타나지 않는다.

무엇보다 매창이 서우관을 따라 한양으로 올라갔다고 하는 견해는 주목받을 만하다. 매창이 본격적으로 기생이 되어 활동하던 초기, 즉 1580년대 후반 남자를 따라 한양으로 올라갔다는 시절 보여준 그녀의 태도는 너무나 당돌하여 나이를 의심케 하기도 한다. 매창이 서우관에게 사랑을 받아서 한양까지 따라갈 정도가 되려면 그녀가 아직 다른 남자들을 만나기 전인 10대 초중반의 일일 것이라 추정하기도 한다.

사실 매창은 유희경과 헤어지고 난 후 얼마 되지 않아 다른 사람을 만났고, 나이 스무 살 이전 잠시 부안을 떠나 3년간 한양에서 떠돌이 생활을 해야 했다. 이는 매창이 지은 「홀로 마음 아파하다(自傷)」라는 시의 1~2구에서 "한양에서 보낸 꿈 같은 3년/호남에서 또다시 새봄을 맞네(京洛三年夢 湖南又一春),"라고 한 것으로 확실히 알 수 있다. 특히 부안

---

2   조선 여류문인들의 시가집이다.

현감이던 서우관에게 정조를 빼앗기고 매창은 그를 따라 상
경했는데 서우관 부인의 질투가 심하여 그 집에서 빠져나와
고향인 부안으로 내려와서 관기로 들어가지 아니하고 자유
로이 기생 활동을 했다고 전한다. 서우관 부인의 질투가 아
니라도 세상의 인심과 물정이 자기 뜻과 달리 고약하였음은
위 시 3~4구의 "황금 때문에 옛 마음을 버리고/한밤중에
홀로 마음 아파하네(黃金移古意 中夜獨傷神)."를 통해 가늠할
수 있다. 매화를 사랑했던 이매창에겐 지혜와 인내, 고결하
고 의로운 정신이 깃들어 있었다. 기생의 존재를 인정하고
매창의 시적 재능을 높이 평가했던 홍만종(1643~1725)도 매
창이 부안을 떠났었음을 말했는데, 다만 매창이 한양에 머
문 이유를 지방에 있다가 필요에 따라 중앙으로 발탁되는
선상기로서 올라간 것으로 보았다.

　　조선 후기 비평가였던 홍만종이 편찬했다는『속고금
소총』에는 매창이 한양에 머물고 있을 때 그녀와 시를 주고
받은 인물들이 언급되고 있다. 그들은 대체로 김명원(1534
~1602), 심희수(1548~1622), 류도(1604~1663) 등이다. 물론
『속고금소총』에 쓰인 내용을 모두 사실로 인정하기에는 무

리가 따르나 상당 부분 받아들일 만하다. 무엇보다 매창이 김명원이나 류도 같은 사람들과 교유했을 가능성이 크며, 홍만종이 매창에 대한 관심이 크고 정보도 많이 가지고 있었다고 보기 때문이다. 근대 이전의 사회에서는 질서 없이 기록된 야담이나 잡록 등의 글쓰기에 대한 인식이 지금과 달랐음을 이해하면 내용이 사실과 다르다고만 할 수는 없다. 이능화는 "매창이 뽑혀서 도성으로 올라가니 귀한 집 자제들이 다투어 초청하여 함께 노닐었다. 하루는 선비 류도(선조 때 사람)가 찾아갔는데 한량으로 자부하는 김가와 최가 두 사람이 자리에 먼저 와 있었다."[3]라고 했다.

다시 말해 정사가 아닌 야사의 기록이라 하여 사실이 아닌 것은 아니며 사실을 넘어서는 진실의 지향을 포착하는 것이 더 중요할 수 있다. 실제로『속고금소총』에 실린 김명원의 칠언절구 한시「정인(情人)」이 매창에게 써준 것으로 널리 알려져 있으며, 기생이 양수척에서 비롯되었음을 주장하는 조재삼(1808~1866)의『송남잡지』(1855)에서도 김명원의 시를 소개하고 있는데, 그 시의 제목은「기생 계량

---

3 이능화,『조선해어화사』29장.

에게 주다(贈妓桂生詩)」이다. 김명원이 지은 「정인」 속에 들어 있는 "깊은 밤 창 밖에 가는 비 내리는데/두 사람의 마음은 두 사람만이 알리라(窓外三更細雨時 兩人心事兩人知)."라는 그 유명한 신윤복(1758~ ?)의 그림 〈월하정인〉의 화제로도 쓰였다. 〈월하정인〉은 눈썹달이 은은하게 내리비치고 있는 한밤중에 등불을 비춰 든 선비 차림의 젊은이가 쓰개치마를 둘러쓴 기생과 담 모퉁이에서 은밀히 만나고 있는 모습을 그린 그림이다. 애틋한 사랑을 나누는 이 그림에는 "달빛이 흐릿한 한밤중에/두 사람의 마음은 두 사람만이 알리라(月沈沈夜三更 兩人心事兩人知)."라고 적혀 있다. 다른 야담집인 『양은천미』에서는 위 시의 작자를 김명원이 아닌 심희수로 소개하기도 했다.

『기문총화』나 『해동일화』에 의하면, 김명원은 경주 사람으로 젊은 시절에 호탕하여 화류계에서 놀기를 좋아하였다. 그가 사랑하던 기생이 왕실 가문의 첩이 되었으므로 밤에 몰래 담장을 넘어 만나곤 하였다. 어느 날 기생을 만나려 하다가 주인에게 붙잡히고 말았다. 이때 장령(사헌부의 정4품)으로 있는 형 김경원이 달려가서 자신의 아우가 죽을죄를 지었으나 앞으로 나라에 크게 쓰일 인재니 풀어달라고 하였다. 주인이 본래 호협했으므로 김명원을 풀어주면서 과거에 합격하면 그 기생을 돌려주겠다고 한 뒤 보냈다. 김명원이 과연 장원급제하여 그 기생을 첩으로 맞이할 수 있었다. 그 후 김명원은 임진왜란 때 팔도도원수가 되어 적의 침략을 지연시키는 등 공을 세우고 나중에 좌의정에 올랐다.

심희수는 조정의 입장과 뜻이 맞지 않아 사임을 했는가 하면, 간관이 되어 여러 차례 직언을 하다 선조의 비위에 거슬려 전직되기도 했다. 판서와 정승을 거치면서도 청백리에 뽑혔고, 원칙과 규정을 중시하는 강직한 삶을 이어갔다. 말년에는 산속에 은거하며 『주역』을 읽고 시를 읊으며 지조를 지켰다. 그는 문장에 능하고 글씨를 잘 썼던 진정한 선비였다. 무엇보다 심희수는 금산 기생 일타홍의 죽음에 애도시를 지은 것으로 유명하다.[4] 일찍이 미친놈 소리를 들으며 방탕한 생활을 하던 심희수를 만나 화류계에 발을 끊고 열심히 공부하게 하여 등과시키고 자기 때문에 장가를 들지 않겠다는 심희수를 설득하여 결혼까지 시킨 뒤 스스로 첩으로 남아 있다 세상을 마감했던 일타홍은 용모와 가무가 당

---

4   이희준, 『계서야담』.

대 으뜸이었던 기생이다.

　매창과 사귀었을 것으로 추정되는 류도는 여러 고을의 수령을 지낸 바 있으며 다음에 언급되는 임서의 친구로도 짐작된다. 류도와 임서 또한 매창과 가까웠던 권필과도 친밀한 사이였다. 조선 중기 문신이자 임진왜란 때 의병장으로도 활약한 양경우(1568~1638)에 의하면 류도는 행동이 거칠었을 뿐만 아니라 시에 뛰어난 재능이 있었고 젊었을 때부터 기생집에서 놀았다[5]고 할 만큼 풍류적인 인물이었다. 서얼 출신인 이달(1539~1612)에게 기생은 그를 알아주고 인정해주는 지기였다고 했던 것도 양경우다. 명문가의 자손이긴 하나 자유로운 정신을 지닌 류도와 호흡이 잘 맞았을 매창은 그에게 진지하고 따뜻하게 다가갔을 것이다. 『속고금소총』에 나오는 바와 같이 매창이 한양에 올라갔을 때 류도가 매창을 찾아간 일이 있다. 매창은 먼저 와 있던 한량, 즉 김명원이나 심희수, 그리고 새로 등장한 류도와 함께 술을 마시며 시를 읊기도 했다. 이미 두 사람의 시를 듣고 매창은 솜씨가 모두 졸렬하여 들을 만한 것이 못 된다고 하면서 재

5　　양경우, 『제호집』 권9 「제호시화」.

치를 발휘하여 류도에게 읊어보라고 권하였다.

그러자 류도는 자신은 글을 외우는 것은 없고 다만 여자의 몸을 잘 다루는 재주가 있을 뿐이라 하여 매창으로 하여금 미소를 짓게 하였다. 사실 류도는 순절한 기생을 위해 애도하는 시를 남긴 바도 있는 재주 많은 시인이다. 다시 두 남성의 시적 자만이 이어지자 참다못한 류도는 그들이 외우는 시가 모두 진부함을 지적하면서 매창에게 운자를 부르게 하여 즉석에서 읊었다. 아쉽게도 이 시는 온전하게 남아 있지 못하고 2행만 전하고 있다.

춘정을 찾는 호탕한 선비의 의기 드높아　　深春豪士氣昻然
비취 비단 이불 속에 좋은 인연 맺는구나.　　翡翠衾中結好緣

매창은 시가 끝나기 무섭게 감탄하여 말했다. "높으신 어른께서 이처럼 누추한 곳에 왕림하실 줄은 몰랐습니다. 사모한 지 오래 되었는데 오늘에야 다행히 만나게 되었습니다." 그리고 나서 매창은 류도에게 술을 가득 부어 올렸다. 그 후 매창은 류도의 첩이 되어 한양에서 3년을 보냈다는 소문이 있다.

사실 기생의 애정이 대개 비극적 결말을 예견하는 것

이었지만 그 사랑의 밀도는 더 격렬했다고 생각된다. 이는 기생들의 애정이 일반 부녀자들의 사랑보다 더 지속적이길 바라는 현실적인 요구에 따른 것이었음을 뜻한다. 처음부터 애정에 신뢰성을 보장하기 어려운 관계이다 보니 불안하고 초조했을 것이요, 비어 있기에 더 채우고 싶었을 것으로 본다. 평생을 함께할 수 있는 제도적 장치가 마련되어 있지 않은 정황에서 발로되는 긴장 때문에 기생들의 사랑은 더욱 절실한 성격을 띠었을 것이다. 기생들의 사랑이 수동적이기보다 주도적인 입장에서 진행되었던 면도 예외는 아니다. 매창 역시 고도의 자존심으로 달려드는 뭇 남성들을 냉정하게 물리치면서 기꺼이 스스로 사랑을 선택하는 모습을 보여주었다. 그러나 당차게 취하기는 했어도 사랑을 지키기는 어려워 눈물짓지 않을 수는 없었다. 온전히 믿고 의지하고 싶은 임과의 관계 속에서 분출하는 기생들의 실망과 비탄은 이만 저만이 아니었다.

자리에 연연하지 않고 사퇴를 거듭하는 등 관직 생활이 깨끗했던 석촌 임서(1570~1624)는 무장현감으로 재직 중이던 1605년 자신의 생일잔치에 시까지 지어서 부안 기생 매창을 초대하였다. 부안현감에게 한마디 부탁만 하면 될 만큼 한 고을의 수령이 기생을 불러오는 일은 그다지 어렵지 않았을 텐데도 그랬다. 매창에게 자신과 인연을 맺었던 류도의 친구이자 강직한 선비이던 임서를 만날 수 있는 기회가 다가오고 있었다. 나주 출신의 임서는 1603년부터 1608년까지 무장현감을 지냈던 인물로 천재 시인이라는 백호 임제(1549~1587)의 사촌동생이다. 임서가 당시 33세나 되어 있을 매창을 초대한 시는 그의 문집 『석촌유고』에 실려 있다.

봉래산 소식이 아득하여 전해지지 않으니　　蓬萊消息杳難傳
홀로 향기로운 봄바람에 망연해지네.　　　　獨香東風思惘然
아름다운 사람이여, 잘 지내시는가요　　　　爲報佳人無恙否
못의 술자리에서 선녀가 오기를 기다리네.　瑤池席上待回仙

　임서의 문집에 위 시가 수록되어 있고 그 아래 다음과 같은 주석이 붙어 있다. "낭자의 이름은 계생이다. 노래와 거문고를 잘했고 또한 시에도 능했다. 일찍이 내 친구의 첩이 되었다가 지금은 청루(기방)에 있다. 생일잔치에 오게 하기 위해 이 시를 써서 초청했다." 분명 매창을 첩으로 삼은 사람이 임서의 친구였음을 알 수 있으며, 매창이 그와 만나 한양에서 3년간 동거했음을 헤아릴 수 있다. 그 무렵 첩살이를 한 것을 보면 기생 매창도 생활의 안정을 찾아 평안히 지내고 싶은 마음이 있었던 것 같다.

매창이 비록 천한 신분이기는 하지만 임서는 조심스럽게 안부를 물어가며 정중하게 초청하였다. 더구나 상대방을 향해 '향기로운', '아름다운', '선녀' 등의 어휘를 사용함으로서 매창을 한껏 추켜세우는 의도가 강하게 읽힌다. 즉 존경하면서 그리워하는 심정이 적절히 드러나고 있다. 생일잔치에 초대하는 글로서는 더할 나위 없이 곡진함이 배어 있다. 매창의 재주를 사랑했던 임서는 매창과 만나 시를 주고받는 즐거운 상상도 했을 것이다. 나이가 지긋한 매창의 입장에서도 자신의 재능을 알아주는 임의 친구에 감사할 뿐이요 다시 만나 정담을 나누고 싶었을 것이다.

매창도 임서의 초대에 대응하는 화답시를 적어 보냈다. 『매창집』에는 실려 있지 않고 『석촌유고』에만 실려 있다.

파랑새 날아와 소식을 전하니　　　　　　青鳥飛來尺素傳

병중에 근심이 도리어 처연하게 하네요.　　病中愁思轉悽然
거문고 연주를 마쳐도 알아주는 사람 없으니　搖琴彈罷無人識
이제 장사 땅에 신선을 찾아 떠나렵니다.　　欲向長沙訪謫仙

'파랑새가 날아와 소식을 전했다'는 것은 임서의 초대장이 당도했음을 말한다. 그런데 2구의 '병중에 근심이 도리어 처연하게 한다'는 의미는 무엇일지 궁금하다. 아마도 몸이 아픈 것보다 혼란스런 마음이 더 슬프다는 뜻일 것이다. 초대장이 도착하기 전에 매창은 건강 상태가 좋지 않은 데다 뭔가 복잡한 일이 있어서 괴로웠던 모양이다. 그래서 음악을 통해 모두 떨쳐버리려고 했지만, 함께할 사람은 없고 거문고 연주는 그저 공허한 메아리로 돌아올 뿐이었던 것 같다. 그러므로 자신과 소통이 잘 되는 임서가 있는 곳으로 기꺼이 가겠다고 통보를 했던 것으로 보인다.

매창이 기첩 생활을 했다는 사실을 앞서 나온 임서의 시와 주석을 통해서 알 수 있음은 물론, 매창이 지녔던 근심은 옛 임과 관련된 것으로 유추해보기도 한다. 다시 말해 임서의 초대장을 받기 얼마 전에, 그녀의 옛 임이었던 류도가 공주판관으로 부임하였으므로 그 일과 관련된 걱정이었을지도 모른다는 해석도 하는 것이다.

임서가 먼저 매창을 '선녀'에 빗대어 칭찬을 했으니, 매창 역시 그를 '신선'에 견주었다. '장사'는 임서가 현감으로 재직하고 있던 지금의 고창군 상하면을 가리킨다. '선녀가 신선을 찾아가겠다'고 하였으니 생일잔치에 참석하겠다는 의사를 전한 것이다. 무엇보다 3구에서 이전에 임서가 매창의 연주를 듣고 그 가치를 인정해주었음을 암시했다. 거문고의 달인이었던 백아는 자신을 알아주는 이가 있어 세상 살 맛이 난다고 했다. 즉 종자기(BC 387~BC 299)가 자신의 연주에 매번 감탄하자 백아는 "자네가 곡조를 알아듣는 것은 정말 훌륭한데 나의 마음을 알아내는 것 같다네."라고 한 바 있다. 또한 일찍이 관중(BC 716~BC 645?)은 포숙의 추천으로 제 환공에게 발탁되어 제나라가 패업을 달성하는 데 결정적 구실을 했다. 후에 관중은 "나를 낳아준 사람은 부모이지만, 나를 알아준 사람은 포숙이다."라고 했다. 3구는 이와 같은 일화들을 떠오르게 한다. 구름이나 매화처럼 살고자 했던 매창이나 수없이 사직을 하고 고향으로 돌아가고자 했던 임서 모두 순수하다는 점에서 별 차이가 없다. 매창과 임서가 서로 배려하고 존중하는 분위기로 보아 오랫동안 매우 친밀한 관계를 유지해왔음을 짐작할 수 있다.

매창은 유희경과 교제 이후 16세쯤 되었을 무렵 서우 관의 첩, 또는 류도의 첩으로 한양에 올라가 잠시 기첩 생활을 하다 임진왜란(1592)이 일어나기 직전인 19세쯤 다시 부안으로 돌아왔을 것이다. 누군가의 정에 이끌려 한양으로 따라갔다가 그가 배신하는 작태를 보이자 돌연 떠나왔다고 할 수 있다.

사실 양민이 첩이 되는 경우는 거의 없을 만큼 대부분 기생첩은 지위가 낮고 불쌍한 처지였다. 그럼에도 불구하고 기생의 가장 실현 가능한 꿈은 고관이나 부자의 첩이 되는 것이다. 그렇게 되면 재물로 대가를 치러주고 기생을 면할 수 있었으며 일생을 여유롭게 지낼 수 있었다. 19세기 개성의 한량이었던 한재락이 만난 평양 기생 경패의 경우,[6] 관찰사의 첩이 된 후 몇 칸짜리 초가집에서 큰 저택으로 바뀌었고, 무늬를 새긴 창문과 수놓은 병풍에 가야금과 책상이 깔끔하고 우아하게 정돈되어 있었다. 기생첩으로 하여금 집안 일을 맡겨 아내와 다름없게 했던 사례도 상당히 많았으며,[7]

---

6 한재락, 『녹파잡기』 권1, 김영사, 2007.
7 『세종실록』 세종 20년 11월 23일.

청렴한 선비로 유명하던 김시양(1581~1643)은 함경도 종성에 귀양을 가서 그곳 기생을 첩으로 들였다가 유배가 풀려서도 데리고 돌아왔을 뿐만 아니라 첩이 아들을 낳자 아이를 정병에 소속시키고 매년 군포까지 바쳤다. 물론 어우동(?~1480)의 남편 이동과 같이 지아비가 기생첩에 빠져 파산하거나 조강지처를 버리는 경우도 있었다.

요컨대 첩의 자리는 당시 기생이 꿈꾸는 가장 높은 위치라 할 수 있다. 기생으로서 가련한 생활을 벗어나 유력한 남자의 첩이 되고 싶어 떠났던 속사정과 기대와 다른 상황에 직면하여 극도의 상실감을 맛보았을 매창이 애처롭게 느껴진다.

이와 같이 매창은 16세 무렵에 서우관이나 류도나 어느 한 사람을 만나 첩살이를 시작했을 것이요 그 기간은 3년쯤 된다고 본다. 분명한 것은 매창이 아직 어디서 어떻게 살아야 할지 확고하게 정하지 못한 처지에서 유랑을 하다 고향으로 돌아왔을 것이라는 점이다. 결국 객지에서 보낸 기간은 그녀에게 별 도움을 주지 못하는 방황과 허송의 세월이었으며, 매창은 몸과 마음을 기댈 수 있는 정든 땅, 자기 자리로 돌아와 기생의 업을 이어갔다. 기생이 한 곳에 머

무르기 쉽지 않으나 매창은 거의 부안을 떠나지 않은 셈이다. 그리고 얼마 되지 않아 스무 살의 매창은 임진왜란을 맞았다.

4
허균과 우정을 나누다

매창은 1603년 유희경을 다시 만난 기록이 있지만 18년 전 그와 헤어진 뒤 특별히 정을 주는 사람 없이 그를 그리워하며 살았는지도 모른다. 허균이 남긴 기록을 보면 유희경만을 기다리던 매창에게 새로운 남성이 나타났다. 곧 그녀가 마음을 준 두 번째 남자라 할 수 있는 이는 이웃 마을인 김제에 군수로 내려온 이귀(1557~1633)였다. 43세의 이귀가 1599년 김제군수로 부임하여 잔치를 열었을 때 가까이 있는 부안 기생 매창이 참석했다가 그의 눈에 띄었을 것이며 27세의 매창은 이후 몇 년간 이귀의 총애를 받게 되었다.

호는 묵재이며 본관이 연안인 이귀는 명문 집안 출신으로 글재주까지 뛰어났다. 이귀는 율곡 이이의 제자로 글로서는 세상에 그와 견줄 사람이 없었다[1]고까지 한다. 매창도 이귀에게 마음이 끌렸음을 보여주는 허균의 기록이 있는데, 뒤에서도 언급되겠지만 허균은 자신의 문집에서 "매창은 이귀의 정인(情人)이었다."[2]라고 적고 있다. 이귀가 김제 군수로 부임하면서 매창과 유희경과는 사이가 멀어지기도 했을 것이요 권세가 당당한 이귀 앞에 유희경의 입장은 초라했음이 자명하다. 이로부터 2~3년 정도 매창은 이귀와 서로 열렬히 사랑했던 것으로 보인다. 다만 매창과 이귀의 사귐은 시가를 매체로 하여 가까워지거나 순수한 마음을 주고받으며 이루어지기보다는 악가무에 뛰어난 관기와 한 고을의 호걸스런 수령의 만남이라 해야 할 것이다. 호기와 권위를 지닌 이귀는 재임 기간 동안 매창을 귀여워하다가 떠난 뒤에는 자연스레 잊은 것으로 추정된다.

연안 이씨 가문은 조선 전기에는 조정에 큰 영향력을

---

1   강효석, 『대동기문』 권3.
2   허균, 『성소부부고』 권18.

미치는 권세가는 아니었다. 그러나 이귀가 인조반정의 주역이 되고, 그의 두 아들 시백과 시방 역시 반정에 참여하여 부자가 함께 공신으로 책봉되면서 명문가로 자리를 잡게 되었다. 이귀는 두 살 때 아버지를 여의고 어머니와 함께 충청도 쪽으로 내려갔다가 열네 살이 되어서야 한양으로 올라왔다. 이후 이이·성혼(1535~1598) 등에게 학문을 배웠으며, 이항복(1556~1618)·이덕형(1561~1613)과 절친하게 지냈다. 그는 이이와 성혼의 제자라는 서인 학통을 배경으로 동인 공격의 선봉장이 되었다. 이귀는 선조 36년(1603) 47세의 나이에 이르러서야 문과에 합격하였다. 그 뒤 장성현감, 김제군수 및 이조와 병조의 판서를 거쳐 좌찬성에 이르렀다. 특히 앞에서 말한 바와 같이 김제군수 시절에는 부안의 명기 매창과 정을 나누는 사이였다.

　선조가 사망하고 광해군이 즉위하자 이귀는 집중적으로 수난의 대상이 되었다가 1619년 유배에서 풀려난 후 인조반정의 주도자가 되었다. 1623년 3월 13일 밤 이귀, 김류(1571~1648), 최명길(1586~1647), 김자점(1588~1651) 등이 중심이 되어 광해군을 폐위시키고 선조의 손자였던 능양군 종을 추대하는 인조반정이 일어났다. 마침 1622년 이귀는 군사력을 보유한 평산부사로 임명되어 반정군이 대세를 장악하는 데 큰 힘을 발휘할 수 있었다. 반정 후 인조 정권의 안정을 위해 누구보다도 선도적으로 노력했고 인조(재위 1623~1649) 역시 자신만 바라보는 이귀에게 최고의 예우를 했다. 이귀의 비문에는 "그가 죽자 인조가 머리를 풀고 슬피 우는 소리가 외정에까지 들렸다."라고 새겨져 있다.

유몽인(1559~1623)은 절구 시를 지어 이귀를 평한 적이 있다. 세상 사람 모두가 이귀를 어리석다고 하지만 사실은 그런 사람이 오히려 태평성대를 이끈다고 말한 것이다. 그러나 그 시 구절을 보고 한때 매창을 첩으로 삼았다는 류도는 이귀가 천하에 교활한 사람이라고 반박했는데, 3년 후 이귀는 인조반정의 주모자가 된 것이다. 이귀의 용모는 '쥐의 상'을 떠올리게 하는 추남형으로 알려져 있는 데다가 얼굴색도 거무튀튀하다.

매창과 이귀와의 사랑도 오래가지는 않았다. 이귀가 파직되어 1601년 3월 한양으로 다시 올라갔기 때문이다. 이때 매창 앞에 허균이 나타났는데 이귀가 김제를 떠난 지 서너 달 뒤였다. 이귀는 부안과 김제를 오가며 매창과 가깝게 지내다가 상경한 뒤로는 자연스럽게 소식을 끊었을 것이다.

매창은 이귀 말고도 부안을 비롯한 인근 지역에 내려오는 문인들과 많은 만남을 가졌고, 각종 행사나 연회에 초청 받으며 지냈었다.

매창은 1600년을 전후하여 여러 인사들과 교류하며, 다른 사람들의 문헌에도 이름을 드러내기 시작했다. 이것은 허균과의 만남이 있었기에 가능했다. 물론 유희경과 이별 후 몇 사람과 인연을 맺기도 하지만, 임진왜란이 터지면서 사실상 매창의 이름은 종적을 감춘다. 그녀의 삶이 다시 세상에 알려지게 된 것은 매창의 나이 29세가 되던 1601년 33세의 허균이 부안에 등장하면서부터였다. 당시 부안현감은 민인길의 후임으로 1601년 7월 막 부임한 임정(1554~1636)이었다.

1601년 6월에 허균이 충청과 호남 지방의 양곡(세금)을 한양으로 운반하는 직책인 전운판관에 임명되었다. 매창은 부안의 선비이자 어릴 때부터 같이 자란 고홍달(1575~1644)의 소개로 조운을 감독하기 위해 전라도에 내려왔다가 부안에 들른 전운판관 허균과 처음 만나 밤새 시를 주고받았다. 매창의 고향 친구인 고홍달은 사라질 수도 있는 그녀의 시들을 모아 나중에 『매창집』을 발간할 수 있도록 역할을 했으므로 진정 매창을 시인으로 남게 한 귀한 존재이다. 그 당시의 상황이 허균의 문집[3]에 실려 전하고 있다.

7월 23일. 허균은 부안에 이르렀다. 비가 몹시 내렸으므로 객사에 머물렀다. 고홍달이 인사를 왔다. 기생 계랑은 이귀의 정인이었는데 거문고를 끼고 와서 시를 읊었다. 생김새는 비록 수려하지 않으나 재주와 정취가 있어서 함께 얘기를 나눌 만 하였다. 종일토록 술잔을 놓고 서로 시를 주고받았다. 밤이 되자 자기의 조카를 나의 침실로 보내주었으니, 혐의를 피하기 위해서이다.

전운판관이 되어 내려온 허균 일행이 충청도 보령과 남포를 지나 전라도 만경에 이르렀고, 부안에 도착한 것은 7월 23일이었다. 마침, 비가 많이 내려 부안 객사에 머물게 되었고, 이곳에서 매창은 허균을 만났다. 읍성 내의 가장 중요한 위치에 왕권을 상징하는 건물, 즉 고을을 찾는 관리들의 숙소인 '객사'가 있고 그 근처에는 기생을 관리하고 교육

3   허균, 『성소부부고』 권18 「조관기행」.

하는 '교방'이 존재했다. 객사의 만남에서부터 이매창과 허균의 인연이 시작되었다. 위 글을 보면 허균이 만난 이매창은 얼굴보다 문학적 재능과 사람을 끄는 매력을 지닌 여자였음을 알 수 있다.

매창은 기생으로서는 한창 때를 지나 이미 늙은 나이인 29세에 이르렀다. 허균은 고홍달로부터 매창이 이귀의 정인이라는 사실을 들었을 텐데, 이귀는 허균의 친척이기도 하여 매창이 허균을 직접 모시지 못하고 조카딸을 들여보냈을지도 모른다. 이귀는 부안과 지척에 있는 김제의 군수로 내려왔다가 매창과 인연을 맺었던 것으로 알려지며 2년 남짓 머물다가 한양으로 올라간 상태였다.

인생에서 누구를 만나느냐는 참으로 중요하다. 매창의 삶 가운데 당대 최고의 문장가이자 개혁적 사상가였던 허균과의 교류는 운명과도 같은 일이었다. "얘기를 나눌 만하였다"라는 허균의 말로 보아 만나자마자 대뜸 매창에게 반했다거나 깊은 인상을 받은 것은 아니었다. 시간이 흐를수록 은근한 매력에 빠지며 매창과 허균은 서로 상대방의 가치와 본질을 파악하게 되었다. 매창에 대해 '재주와 정취'를 언급한 것은 예사롭지 않다. 허균 자신도 재주가 뛰어났고 정도 많다[4]는 평을 들었기 때문이다. 재주가 뛰어났다는 것은 쉬 납득이 되지만 허균에게 정이 많았다 함은 다소 의아할 수도 있으나 죽은 아내나 누이를 애도하는 가족에 대한 사랑을 비롯하여 권필 같은 벗에게 베푸는 정은 남달랐다.

매창과 허균은 더불어 교유할 만한 지식인이요 예술가임을 서로 확인한 셈이다. 더구나 매창과 이귀의 관계를 알고 허균은 매창과 평생의 벗으로 지내기로 결심하였다. 그리고 허균은 의연히 매창의 존재를 세상에 드러내는 데 큰 역할을 했고 매창 역시 순수하게 허균의 정서적 안정감을 보강하는 구실을 톡톡히 해냈다.

매창이 허균을 만난 것은 행운이었다. 허균은 가장 자신을 알아주는 한 사람이었기 때문이다. 소식(1036~1101)의 말대로 천리마를 알아보는 백락이 있고 나서야 천리마가 있다고 하듯이 인생에서 누가 자신을 알아준다는 것보다 더 값진 일은 없다. 매창은 허균을 만남으로써 의식의 확장과 새로운 행보가 이루어진다. 다시 말해 매창은 허균을 통해 또렷이 자신의 세계를 확립하고 존재 가치를 드러냈다고 할

---

4   김만중, 『서포만필』 하.

수 있다. 매창에게 유희경이 연인이었다면 허균은 스승이자 친구였다.

허균은 열두 살 때 아버지를 여의고 어머니를 비롯하여 나이 차이가 많은 형과 누나들의 귀여움만 받고 자라 일찍부터 방탕하게 굴며 경박한 데에 빠졌다고 편지에서마저 스스로 인정한 바 있다. 원만하지 못하고 정제되지 않은 성격의 허균은 여자관계에 있어서도 유교의 굴레를 벗어 던진 사람이었다. 허균은 일찍이 "남녀의 정욕은 본능이고, 예법에 따라 행하는 것은 성인이다."[5]라고 하면서 하늘이 내려준 본능을 따르지 성인이 만든 윤리를 따르지 않겠다고 선언한 바 있다. 여행할 때마다 잠자리를 같이한 기생들의 이름을 일기[6]에 버젓이 적어놓기도 하였다. 심지어 한 고을에서 자기와 잠자리를 같이한 기생이 12명이었음을 자랑스럽게 드러내는 시를 짓기도 했다. 부안에 내려오기 전인 1599년 지방 관리들의 부정을 조사하고 기강을 바로세워야 하는 황해도사(종5품)로 있을 때만 해도 기생들을 데려다 놀면서

5   이식, 『택당집』.
6   허균, 『성소부부고』 권18 「조관기행」.

물의를 일으켜 부임 6개월 만에 사헌부의 탄핵을 받아 파직되었던 것이다. 이 첫 파직 이후 허균은 20여 년 관직 생활을 하면서 여덟 번이나 벼슬에서 쫓겨났다. 어머니 장례를 치른 지 며칠 지나지 않아 상중임에도 불구하고 기생을 끼고 놀았다. 광산월·낙빈선·내산월·녹주·소랑·진랑·창아·춘랑같이 이름난 기생들이 모두 그의 사랑을 받았다. 그렇다고 기생집을 마구 드나들 정도로 난잡하게 행동하지는 않았다고도 한다.

하지만 『선조실록』에 전하는 바와 같이 스스로 '불여세합(不與世合)'이라 말하며 세상과 화합하지 못할 뿐만 아니라 예의와 염치가 없었던 허균은 기생들과 함께 전국을 돌아다니는 난봉꾼이었다. 그토록 방약무인이었던 허균이 매창을 만나서는 다르게 행동했다. 허균과 매창의 만남은 사대부와 기생 간의 정형화된 틀로 볼 수 없다. 허균은 매창의 정감이 흘러넘치는 매혹적인 소리, 감미롭기 그지없는 거문고 연주, 그와 함께 청초한 자태에 반해 10년 동안 정서적인 친분을 나눴다. 그는 매창의 재능을 사랑했고, 높은 인격을 존중해 오랫동안 변함없는 관계를 유지할 수 있었다. 성윤리에 구속받지 않을 만큼 거침이 없던 그가 매창과 잠자리를 같이하지 않고 정신적인 교감만 가진 것은 놀라운 일이다. 비록 기생이지만 차별하지 않고 똑같은 인간으로서 대우하였고 더구나 매창의 수월성을 귀하게 여겼기에 가능했다. 나중에 허균은 매창의 죽음을 애도하며 「계랑의 죽음을 슬퍼하다(哀桂娘)」[7]라는 제목의 율시 두 수를 남겼다. 거기서 허균은 매창을 다음과 같이 말했다.

계생은 부안 기생인데, 시에 밝고 문에 능했으며 또 노래와 거문고도 잘했다. 그러나 천성이 고고하고 정결하여 음탕한 것을 좋아하지 않았다. 나는 그 재주를 사랑하고 교분이 막역하여 비록 농담하고 가까이 지냈지만 어지러운 지경에는 미치지 않았으므로 오래도록 우정이 가시지 아니하였다.

허균은 매창의 재주를 사랑해 거리낌 없이 사귀고 비록 우스갯소리로 즐기긴 했으나 문란한 지경에 이르지 않았으며 둘 사이가 오래도록 변치 않았음은 중요한 사실이다. 그토록 아름다운 관계가 유지될 수 있었던 것은 무엇보다 매창의 타고난 성품이 고결했고 그녀가 음란한 짓을 즐기지

7   허균, 『성소부부고』 권2 「병한잡술」.

않았기 때문이라는 점에 수긍하게 된다. 시 못지않게 매창을 유명하게 만든 것은 단아한 행실이었다고 할 만하다. 그러므로 매창을 나는 '순수한 시인'으로 부르고자 하는 것이다. 허균이 매창과 육체적 관계를 갖지 않은 이유를 매창의 지조 때문이라고 사람들은 말한다. 허균도 위와 같이 매창이 정숙하여 색정을 꺼린다는 기록을 남겼으니 그렇게 생각할 수 있다. 게다가 매창의 정인이었던 이귀는 먼 인척이면서도 가까운 친구 사이였으니 아무리 허균이 여색을 즐겼다 하더라도 그런 여자를 탐하는 파렴치한은 아니었을 것이다.

　한편 허균이 매창을 만난 지 한 달도 지나지 않아 그해(1601) 9월 허균의 큰형인 허성(1548~1612)이 전라도 관찰사로 오게 되었다. 매창을 만난 다음 날 전북 고부로 내려가 평소에 존경하던 사임당 신씨의 막내아들 이우(1542~1609)를 비롯하여 부안현감에서 파직당한 먼 친척 민인길을 만나는 등 부안을 떠나 공무를 수행하던 허균은 반갑게 형을 찾아가 10여 일 회포를 풀기도 했다. 매창은 1601년 9월 7일 관찰사 허성의 부임을 축하하던 자리에 당시 부안현감이던 임정과 함께 참석하여 공연했을 것으로 추정된다.

　허균은 전운판관의 일로 지방에 내려왔다 몇 달 지나

지 않아 1601년 12월 형조정랑이 되어 한양으로 올라갔고, 이듬해 2월 병조정랑이 되었다가 8월 성균관사예(정4품)가 되었고 10월 사복시정(정3품)에 임명되었다. 1605년 서른여섯에 수안군수(종4품)로 있던 중 파직을 당했는데 당시 수안의 악명 높은 토호 이방헌이란 자의 죄를 물어 옥에 가두었다가 죽게 되자 그의 아들이 황해감사에 뇌물을 써서 감사로부터 추궁받고 사직한 것이다. 허균은 남의 비위나 맞추고 아부하는 일에 전혀 익숙지 않았다. 최분음(1568~1617)에게 보내는 편지에서 "대장부의 일이란 관 뚜껑을 덮고 나서야 끝나는 것인데 내 혀는 아직도 건재하지 않습니까?"[8] 라고 한 바 있다. 그는 세상과 타협하지 않고 바른 말을 하며 소신껏 살고자 했다.

중국의 사신을 접대하거나 중국에 사신으로 가는 등 문화 교류를 도맡아 하던 허균은 1606년에 명나라 사신 주지번(1548~1624)을 영접하는 종사관이 되어 글재주와 학식으로 이름을 떨쳤다. 이 공로로 삼척부사가 됐다. 1607년 3월 삼척부사로 임명된 허균은 중국 사신과 불교에 관해 대

8   허균, 『성소부부고』 권3 척독 상.

화한 것을 비롯해 불경을 외우고 부처에게 절하며 서산대사, 송운대사 등의 스님들과 서신을 왕래하는 등 불교를 믿는 일로 사헌부의 탄핵을 받아 부임 13일 만에 파직되었다.

허균은 불경을 읽었다는 사실을 부인하지 않고 오히려 위정자들의 경직된 태도와 교조적인 해석에 맞서 「파직 소식을 듣다(聞罷官作)」[9]라는 시를 지어 자신의 생각을 떳떳하게 밝혔다. 오언율시 2수 중 두 번째 율시는 다음과 같다.

예의와 교화가 어찌 자유를 구속하랴	禮敎寧拘放
인생의 부침을 다만 정에 맡길 뿐이네.	浮沈只任情
그대는 모름지기 그대 법도를 지키게	君須用君法
나는 나름대로 내 삶을 이루겠네.	吾自達吾生
친구들은 찾아와 나를 위로하며	親友來相慰
아내와 자식들은 불평을 가득 품었네.	妻孥意不平
다행이 얻은 바 있어 기뻐하는 것은	歡然若有得
이백 두보와 이름을 나란히 하는 것이네.	李杜幸齊名

허균 스스로 인정하듯이 그는 불교를 신앙적으로 믿기보다는 개방적인 사고의 차원에서 수용하고자 했다. 파직

9　허균, 『성소부부고』 권2 「진주고」.

이 되고 나서 허균은 홍문관에서 매월 시행하는 시험, 즉 월과에서 아홉 번이나 연이어 장원을 했는데 이 공적과 더불어 집안 권세로 1607년 12월에 공주목사(정3품)가 되었다. 공주목사에 부임하자 가장 먼저 이재영(?~1623), 심우영(?~1613), 윤계영 등의 세 친구를 불러들여 생계를 도와주어 "공주 관아에 삼영을 설치했다."라는 비방을 듣기도 했다, 특히 이재영은 과거시험 때마다 남의 글을 대신 지어주었으며, 이이첨(1560~1623)의 여러 아들을 부정하게 합격시켰다는 죄목으로 인조반정 후 국문을 받다가 매 맞아 죽은 인물이다. 허균은 자신을 아끼던 선조가 죽고 1608년 광해군이 즉위하자 충청도 암행어사의 장계에 의해 불과 재직 8개월만인 그해 8월에 다시 공주목사에서 파직되었다. 성품이 경박하고 무절제하다는 죄목이었다.

매창은 나이가 듦에 따라 사람들의 기억 속에서 잊혀가고 있었지만 허균에게만은 그렇지 않았다. 허균은 1608년 공주목사 시절 이미 퇴직 후에 부안 변산의 우반골에 터를 잡기로 하고 당시 부안현감이자 처족이던 심광세(1577~1624)에게 편의를 부탁해놓기도 했었다. 심광세는 제자이자 친구라고도 할 수 있다. 파직을 당하자 기다렸다는 듯이 허균은 '십승지지(十勝之地)'의 하나라는 아름다운 부안 변산으로 향했다. 인문지리학자 이중환(1690~1756)이 『택리지』에서 언급한 십승지지란 천재나 전쟁이 일어나도 안심하고 살 수 있다는 열 군데의 땅이다. 부귀영화를 바라지 않았던 허균은 늘 전원으로 돌아가고픈 마음이 있었지만 뜻을 이루지 못했었다고 실토하였다.

　　허균은 부안에 내려가 변산 일대를 유람하면서 드디어 반계서당 근처에 있는 '정사암(靜思庵)'을 개축하고 그곳에 가서 쉬게 되었다. 부안 바닷가에 변산이 있고, 남쪽에 우반(愚磻)이라는 골짜기가 있다. 그곳 출신인 부사 김청이 그중 수려한 곳을 골라 암자를 짓고는 정사암이라고 이름 지었다. 허균이 장차 우반이란 곳에 묻혀 살려고 하던 차에 진사에 급제한 김청의 아들 김등에게서 연락이 왔다. "저의 아버지께서 지으신 정사암이 너무 외따로 있어 제가 지키기 어렵습니다. 공께서 다시 수리하고 사셨으면 좋겠습니다." 허균은 그 말을 듣고 매우 기뻐하였다. 늘그막에 평안히 즐기며 한가로이 쉴 곳이 마련된 것이다. 바닷가 가까운 분지 지형인 이곳 반계서당이 있는 우반동에서 허균은 그 유명한 『홍길동전』을 지었다고도 전해진다.

허균은 일찍이 왕명을 받들고 호남을 다니며 정사암의 아름다운 경치에 대해 실컷 들었지만 여지껏 구경해본 적은 없었다. 허균의 「정사암을 중수하다(靜思庵重修記)」[10]라는 글을 보면 허균은 부사 아들의 제의를 받고 즉시 고홍달과 이재영 등을 데리고 말을 달려 그곳에 가보았다. 매창보다 두 살 어리지만 같이 자란 고홍달은 매창을 허균에게 소개한 바 있고, 다시 허균을 우반골 정사암으로 인도하고 있다. 허균의 제자인 이식은 고홍달의 사촌 처남이다. 포구에서 비스듬히 나 있는 작은 길을 따라서 골짜기에 들어서자 시냇물이 구슬 부딪는 소리를 내며 우거진 풀숲으로 쏟아졌다. 시냇물을 따라 몇 리 들어갔더니 산이 열리고 넓은 들판이 펼쳐졌다. 좌우로 가파른 봉우리들이 마치 학이 나는 것처럼 치솟았고, 동쪽 산등성이에는 수많은 소나무와 전나무들이 하늘을 찌를 듯 서 있었다. 시내를 따라 동쪽으로 올라가다가 늙은 당나무를 지나서 정사암에 이르렀는데 절벽 바위 위에 지어진 암자는 겨우 네 칸 남짓 되었다. 앞으로는 맑은 연못이 내려다보였고 세 봉우리가 우뚝 마주 대하는

10　허균, 『성소부부고』 권6.

듯했다. 폭포수가 낭떠러지 바위 아래로 깊숙하게 떨어지는 데 마치 흰 무지개가 뻗치는 것 같았다.

매창은 허균이 거처할 정사암이 중수되는 동안에 허균, 고홍달 등과 변산 일대를 유람하면서 「천층암에 오르다(登千層菴)」와 「월명암에 오르다(登月明庵)」 등을 지었을 것이다. 이 두 편도 『매창집』에 수록되어 있다. 유람을 마치고 허균은 부안현감 심광세의 도움을 받아 말끔히 수리된 정사암에 머물렀다.

허균과 매창이 다시 만난 것은 1608년이다. 36세의 매창은 공주목사에서 쫓겨난 뒤 부안에 은둔하게 된 허균을 다시 만나 많은 것을 주고받았다. 그 시기에 매창과 허균은 빈번하게 시와 정을 나누었을 뿐만 아니라 참선을 비롯하여 불교와 도교에 관한 공부도 많이 했다.

선조가 죽고 광해군이 왕위에 오른 뒤 정국은 안정을 찾지 못한 채 허균의 처지도 평안할 수 없었다. 그는 매창과 해안(1567~?)이라는 승려와 더불어 주변 여러 절경을 찾아다니며 시를 짓고 노래를 부르고 술 마시는 풍류 속에서 울분을 삭였다. 해안은 임진왜란이 일어나자 영남 지방에서 승병을 모집하여 전공을 세웠던 스님이다. 허균은 이때 매창에게 불법의 진리와 참선의 의미를 가르쳐주기도 했다. 특히 천층암은 매창이 허균과 헤어진 후 들어가 수양하며 참선을 시작한 곳이다. 허균은 당시 이단으로 지목되던 불교 · 도교는 물론 천주교에도 깊은 관심과 지식을 가지고 있었기 때문에, 매창 또한 이러한 영향을 받았던 것으로 추측된다.

매창은 허균을 통해 그의 누나 허난설헌(1563~1589)의 시도 접했던 것으로 파악된다. 허난설헌은 꽃다운 나이인 27세에 요절하였는데, 대부분의 작품이 그녀의 유언에 따라 소각되었으나 다행히 명나라의 종군 문인 오명제가 편집한 『조선시선』을 통해 그녀의 시가 중국에서 애독되었고, 허균이 명의 사신 주지번에게 주어 그곳에서 출간하게 했다고 한다. 우리나라에서는 허균이 공주목사로 부임한 후 1608년 출간된 목판본 『난설헌집』이 최초의 것으로 총 210편의 시가 실려 있다. 매창은 이 책을 얻어서 읽었던 것으로 추측되는데, 이때 시 「그네를 뛰다(鞦韆)」와 「봄날 생각하다(春思)」를 지었다고도 하며, 『매창집』에 실린 시들 중 서너 편은 허난설헌의 시와 유사하다. 매창의 시 「천층암에 오르다」의 3구에 들어 있는 "맑은 풍경 소리 내려앉고 별빛만 밝은

데(淸磬響沈星月白)"도 허난설헌이 지은 「유선사 5」의 3구와 마지막 한 글자(泠)만 다를 뿐이다.

처음 의도했던 대로 잘되는 것만은 아닌 게 인생이다. 나이 40세이던 허균은 1608년 8월에 공주목사에서 파직당하고 부안에 머문 지 불과 넉 달 만에 그곳을 떠나야 했다. 다시는 벼슬을 하지 않고 전원에 묻힐 것처럼 작정하고 부안에 내려왔으나 허균은 그해 12월 다시 승문원 판교(정3품)의 교지를 받고 한양으로 올라갔다. 광해군 1년(1609)에 현재 법무부 국장급에 해당하는 형조참의(정3품)의 직책이 부여되었기 때문이다. 허균이 매창에게 보낸 편지에서 "낭자는 내가 자연으로 돌아가겠다는 맹세를 저버렸다고 비웃을 것이오."[11]라고 했던 것도 부안을 떠나던 일을 염두에 두고 한 말이다.

매창은 부안을 떠나는 허균에게 시를 지어주며 아쉬움을 표했는데 「홀로 마음 아파하다(自傷 2)」라는 것이 그 시로 추정된다.

---

11 허균, 『성소부부고』 권21 척독 하.

한양에서 내려오신 풍류 나그네	洛下風流客
맑은 얘기 주고받은 지 오래되었지요.	淸談交契長
오늘 문득 이별을 하게 되어	今日飜成別
술 한잔 올리자니 속에선 간장이 끊어지네요.	離盃暗斷腸

매창과 허균의 긴밀한 친분 관계를 느끼기에 부족함이 없는 작품이다. 권필의 평대로 송이나 원의 시인들도 감히 가까이 올 수 없었으며, 이가원(1917~2000)의 말대로 소설류가 만장의 불꽃을 영원히 꺼뜨리지 않을 만한 가치를 지녔다던 허균과 함께 청담과 풍류를 즐기던 매창으로서는 쓸쓸하고 허전하기 그지없었을 것이다. 허균 스스로 말하듯이 그에게 우반동 시절은 매창과 변산을 유람하고, 문집을 정리하는 등 인생에서 가장 행복한 때였을지도 모른다. 가는 곳마다 기생을 끼고 즐기며 그것을 자랑삼아 드러내던 행태도 조금은 바뀌었다. 매창과 허균은 묘오와 적멸을 추구하는 뜻 깊은 동지가 되었다.

허균은 매창을 처음 만났을 때부터 의도적으로 거리를 둔 면도 있다. 그렇게 가까운 듯 먼 듯 지냈지만 연모하는 마음을 간직하고 살던 허균은 1609년(기유년) 초, 매창에게 편지 한 통을 보내야 했다.

즉 이 무렵 매창과 연인 사이로 가깝게 지냈던 부안현감 윤선(1559~1637)이 5년 동안의 임기를 마치고 떠나자 고을 사람들은 그를 숭앙하는 비석을 세웠다. 그 비석에는 "공이 부임하고부터 고을이 요순 시절과 같았다. 즐거워라, 군자여! 백성의 부모일세!"[12]라는 글이 새겨져 있다. 백성들의 원성이 자자할 만큼 무능하여 5개월 만에 파직되었던 전임 부안현감 임정의 후임으로 발탁되어 온 인물이 윤선이었다. 그는 1602년 3월에 부임하여 1607년 1월까지 책임 있게 직무를 수행했던 유능한 수령이었다. 매창이 달밤에 윤선의 선정비 앞에서 거문고를 뜯으며 〈자고사(鷓鴣詞)〉[13]를 불렀는데, 이를 두고 허균을 그리워하며 매창이 눈물을 흘렸다고 와전되었다. 물론 매창이 비석의 주인이 그리워서 눈물을 흘렸다는 증거는 없으나 달빛 아래 한때 연인이었던 윤선과의 아련한 추억에 젖어 눈물이 났을 것이다. 게다가 허균의 식객인 이원형[14]이 그 광경을 보고 위로하기 위해 지어

---

12 유형원, 『동국여지지』.
13 원래 당나라 교방에서 기생들이 부르던 노래로 '자고새가 길이 막혀 못 간다'는 의미의 가곡이다.
14 그때 사람들이 이원형의 시를 보고 절창이라 했다. 권필은 자신

준 시가 매창의 시로 잘못 알려져 "기생으로 하여금 선비인 윤선을 욕되게 한 자가 허균이다."라는 소문이 났다. 이 잘못된 소문으로 당시 정3품의 형조참의를 지내고 있던 허균은 세 차례나 사간원의 탄핵을 받았다고 한다. 1608년 12월 허균이 한양으로 떠난 직후 이 일이 발단이 되어 허균이 곤혹을 치르는 사건이 발생한 것이다. 이 소식을 접한 허균이 매창에게 아래와 같이 편지[15]를 썼다.

그대는 보름날 저녁에 거문고를 타며 자고사를 읊었다는데, 왜 한적하고 은밀한 곳에서 하지 않고, 어찌하여 윤공의 비석 앞에서 불러 남들의 놀림거리가 되셨소. 백성들이 만들어놓은 석 자 높이의 비석을 더럽혔다니 그것은 그대의 잘못이오. 그런데 비방이 내게로 돌아오니 억울하오. 요즘 참선은 하는가? 그리운 정이 간절하구료.

허균이 매창에게 보낸 첫 번째 편지이다. 비석 앞에서 노래를 부른 사건과 비방이 있은 뒤 이를 빌미로 1609년 3

의 문집에 이원형의 시를 넣기도 했다(허균, 『성수시화』). 이 시는 현재 『매창집』의 마지막 장에 「윤공비」라는 제목으로 실려 있다.
15 허균, 『성소부부고』 권21 척독 하.

월 허균은 위와 같이 매창에게 사무치는 그리움과 함께 '지금도 참선을 하고 있는지' 근황을 묻는 내용의 편지를 보냈다. 나무라는 어조와 달리 탓하고 원망하는 마음을 찾을 수는 없다. 오히려 치기 어린 투정에서 묻어나는 위로와 정감이 느껴진다. 허균은 조정에서 중책을 맡고 한창 바쁜 와중에도 멀리 있는 매창의 안부가 궁금했다. 허균은 하루가 다르게 가을이 무르익어가는 그해 9월에 매창에게 다시 편지를 보냈다. 의리와 진실이 몸에 밴 매창이 문득 떠오르고 그녀와의 아름다운 인연이 부각되는 바람에 가만히 있을 수없었다. 다음 편지에서 연인이 아닌 친구로서 간직한 허균의 깊은 우정을 엿볼 수 있다. 더구나 전에 부안 변산을 유람한 뒤 한양으로 떠나갈 때 매창에게 금방 돌아오겠다고했던 약속이 마음에 걸렸던 모양이다.

봉래산의 가을빛이 한창 짙어가니, 돌아가고 싶은 생각이 문득문득 난다오. 그대는 내가 자연(시골)으로 돌아가겠단 약속을 저버렸다고 반드시 웃을 것이오. 우리가 처음 만났던 때 만약 조금이라도 다른 생각이 있었더라면, 나와 그대의 사귐이 어찌 10년 동안이나 친하게 이어질 수 있었겠소. 이제 와서야 풍류객 진회해(秦淮海)는 진정한 사내가 아님을 알겠소.

어느 때나 만나서 하고 싶은 말을 다 털어놓을 수 있을지. 종이를 대하니 마음이 서글퍼진다오.

허균은 매창에게 첫 편지를 쓰고 나서 6개월 뒤에 이와 같이 또 편지를 보냈다. '가을이 깊어지자 돌아가고픈 마음이 절실해진다'로 시작되는 간절한 소망은 자연에 대한 애정이자 인간에 대한 사랑일 것이다. 자신을 에워싸는 절실한 그리움은 시간이 지나도 고이 남아 흐른다. 무엇보다 자유분방한 허균이 순수한 마음과 존중하는 성정으로 매창을 바라보았던 데 대해 스스로 자부심을 드러내는 것이 이채롭다. 허균은 오랜 기간 절친한 벗으로 지낸 매창을 진실로 사랑하고 있었다. 하지만 허균은 그 편지를 보낸 뒤 다시는 매창을 만날 수가 없었다. 매창이 그 다음해인 1610년에 세상을 떠났기 때문이다.

편지 속에서 풍류객으로 언급된 진회해(1049~1100)는 어려서부터 재능이 뛰어났던 송나라 때의 시인이다. 이름은 진관(秦觀)이지만, 회해라는 호가 더 잘 알려졌다. 남녀의 사랑을 묘사한 시와 비분강개한 시를 많이 지었으며, 소동파(1037~1101)에게 천거되어 벼슬을 얻기도 했다. 하지만 바른말을 즐겨 하다가 불경을 베꼈다는 것이 드러나 쫓겨났다. 허균이 진관을 비판한 것은 창(暢)씨 성을 가진 여도사에게 연정을 품었다가 여의치 않아 친구로 지냈던 그에 비해 처음부터 매창에 대해 거리를 두고 친구처럼 지냈던 자신을 과시하기 위함이었다.

허균과 매창의 관계에 대해서는 이야기가 분분하다. 매창이 실제로는 예뻤는데도 허균이 매창의 정신적 가치를 훌륭하게 여겨 우정으로 대했다는 말에서부터 너무나 많은 해석과 평가가 따른다. 분명한 것은 두 사람이 오랫동안 사귈 수 있을 만큼 특별한 정서적 교감이 가능했다는 점이다. 허균이 매창에게 보낸 두 차례의 서신과 『학산초담』이나 『성수시화』 등에서 그녀의 작품을 높이 평가하고 있는 것을 보아도 그들의 고상한 관계를 헤아릴 수 있다. 사실 허균은 생전에 수많은 여자들을 만났고 추섬·무옥·옥매 등 첩을 거느렸으나 그가 진실로 사랑하고 아꼈던 여자는 첫째 부인 김씨와 그리고 기생 매창이었다고까지 한다. 이매창 역시 허균을 사랑하지 않은 것은 아니었지만 그에게는 정인이 있었기 때문에 그 이상의 관계로 나아가지 않았을 뿐이다. 매창과 허균은 육체가 아닌 정신으로 사랑과 우정을 나누었던 사이다.

　세월의 흐름 속에 이제 이매창도 죽고 허균도 사라진 부안 땅에 매창의 묘와 허균의 시만이 남아 길 가는 나그네들을 맞고 있을 뿐이다.

5
한준겸, 심광세, 권필 등과 시를 읊다

매창은 1586년 유희경과 짧은 사랑을 나누고 이별을 했다. 그리고 20년 가까이 지나 1603년에 한양으로 돌아갔던 유희경과 매창이 다시 만난 것으로 추정된다. 주로 부안에서 지내고 있었지만 그 긴 세월 동안 매창은 헤아릴 수 없이 많은 사건과 변화를 겪었을 것이다. 특히 열네 살의 어린 기생이 서른한 살의 원숙한 기생이 되기까지 얼마나 많은 사람을 만났을까는 쉽게 상상할 수 있다.

모든 것을 떨쳐버리고 싶을 때 말없이 자신을 인정해주고 차분히 기다려주는 친구가 있는 것처럼 마음 따뜻한 일이 또 있을까. 그러나 별은 우리 손이 닿지 않기에 찬란함을 유지하듯이 세상에 흔한 것은 주목받지 못하는 법이다. 지나치게 붙임성 있는 모습은 경멸로 이어지기 쉽고 스스로 품위를 잃게 된다. 그래서 사람들과 허물없는 사이가 되는 것을 경계하고 무엇보다도 하찮은 자에게 신뢰를 보이지 말라고도 한다. 분별없이 가까워지고자 하는 태도는 비천함과 상통하기에 유교 문화에서는 친구 사이의 책선(責善), 즉 비판을 중시한다. 명나라 양명학자 이탁오(1527~1602)는 "친구이면서 스승이 될 수 없다면 그 또한 진정한 친구가 아니다."[1]라고 했다.

당대 최고의 문학평론가였던 허균은 매창의 재주를 높이 평가하였고, 더불어 많은 문인들이 매창을 찾아 시적 교류를 하고 싶어 했다. 수촌 임방(1640~1724)은 "당시 최고 시인들 중에 매창의 시집에 시를 지어주지 않은 사람이 없었다."[2]라고 했다. 따라서 확인되고 있는 인물들 밖에도 매창은 실제로 훨씬 더 많은 문인들과 시를 주고받았을 것으로 추정된다. 존귀하고 소중한 친구들 속에서 그녀는 이제

---

1 이탁오, 『분서(焚書)』.
2 임방, 『수촌만록』.

명실상부하게 조선 최고의 시기(詩妓)로 떠오르게 되었다. 매창은 유희경, 이귀, 허균 등과 가까운 관계를 맺는 외에도 죽기 전까지 임서, 한준겸, 권필, 윤선(1559~1637), 고홍달, 심광세, 김지수(1585~1639) 등과 시를 주고받으며 삶의 애환을 같이하였다. 매창에게 있어서 당대 정상의 시인묵객들은 마음을 함께 나누며 시를 노래하는 친구이자 스승이었다.

매창의 나이 30세가 되던 1602년 정월 허균의 맏형인 허성의 뒤를 이어 한준겸이 전라도 관찰사로 부임하였다. 유천 한준겸은 허균보다 13세 연상임에도 불구하고 허균과 자주 편지를 주고받을 만큼 친분이 두터웠다. 허균이 공무차 광주에서 만나고 남원으로 떠난 한준겸에게 쓴 편지에서는 "내가 공을 환송한 후 성곽을 나와 봉생정 위에 외로이 앉아 있으려니 외줄기 연기는 대숲을 덮고 차가운 바람은 휘장에 불어왔습니다."[3]라고 이별의 아쉬움을 토로한 바 있다. 또한 허균은 "사람들은 저의 이번 행차를 두고 소상의

---

3   허균, 『성소부부고』 권20, 척독 상.

만남이라고 비웃습니다."[4]로 시작되는 편지를 써서 연회에서 기생 광산월을 다시 만난 것에 대해 세상 사람들이 무어라 욕해도 한준겸만은 자신을 이해해줄 것이라는 믿음을 표출하기도 했다.

한준겸은 허균으로부터 매창의 이야기를 듣기도 했을 것이며 처음부터 매창을 무척 잘 대해주었고 시간이 지날수록 점점 더 그녀의 시적 재능에 매료되어갔다. 나중에는 매창을 조선 최고의 여류시인이라고 극찬한 것을 보면 매창에 대한 한준겸의 남다른 관심과 애정을 읽을 수 있다. 문장으로 이름을 날리던 한준겸은 매창에게 주었던 시 두 편도 자신의 문집에 고이 수록했다. 더구나 매창에 대한 한준겸의 따뜻한 손길은 손자에게까지 이어져 나중에 여성제(1625~1691)로 하여금 매창의 문집을 출간하도록 했다.

관찰사로 부임한 한준겸은 봄을 맞아 주변의 현감들을 모두 불러 자신의 생일잔치를 벌였다. 그때 그해 3월에 부안현감으로 부임한 윤선도 참석하였고 기생 매창도 동석하였다. 이 자리에는 친분이 두터운 유희경도 참석했을 것이

---

4   허균, 『성소부부』 권20, 척독 상.

다. 매창의 참석은 이미 한준겸이 그녀를 알고 있었기에 특별히 부른 조치라 할 수 있다. 한준겸이 자신의 생일잔치에서 「두견새의 울음소리를 듣고 느낌이 있어 짓다(聞子規有感)」는 오언율시를 읊자 그 자리에 참석했던 매창은 「한순상이 생일잔치에 지은 시에 차운하다(伏次韓巡相壽宴時韻)」를 지어 화답하였다.

순상(순찰사) 한준겸은 생일잔치가 끝나고 매창이 그리워 그 이듬해 1603년 봄 부안으로 찾아갔다. 31세의 매창은 한준겸과 함께 진달래로 유명한 김제 모악산 근처의 용안대를 유람하였다. 『매창집』에도 그녀의 「용안대에 오르다(登龍安臺)」[5]라는 제목의 시가 실려 있다. 이 시는 객사에서 한준겸이 매창을 앞에 두고 중국의 기생 시인 설도에 빗대 지은 시 「노래하는 기생 계생에게 주다(贈歌妓桂生)」에 화답하여 지은 것이다. 먼저 한준겸의 문집인 『유천유고』에 실린 「노래하는 기생 계생에게 주다」는 다음과 같다.

변산의 맑은 기운 호걸을 품었더니　　　　　邊山淑氣孕人豪

5　1807년 김정환이 필사한 『매창집』에는 제목이 「한순상에게 바치다(呈韓巡察)」로 되어 있다.

규수 천년에 설도가 다시 있어라.　　　　　閨秀千年有薛濤
시와 새로운 노래 들으며 고즈넉한 밤 지내나니　聽書新詞淸夜永
복숭아꽃 가지 위에 둥근 달이 높아라.　　　桃花枝上月輪高

　한준겸이 이 시 뒤에 "계생은 부안의 기생이다. 시에 능하여 세상에 알려졌다."고 써놓았듯이 그는 매창을 한 지방에 머무는 일개 기생으로 보지 않고 조선을 대표하는 위대한 시인으로 생각했다. 그러기에 한준겸은 기생 매창을 바로 앞에 두고 감히 호걸의 반열에 올릴 수 있었고 이어서 시공을 초월하는 중국 최고의 여류시인이었던 설도에 비교하게 되었다. 매창의 시적 재능을 기꺼이 인정하던 허균도 매창을 중국의 설도에 견준 바 있다. 허균은 매창이 죽었을 때 "이듬해 작은 복사꽃 필 즈음에는/그 누가 설도의 무덤 곁을 지날까"라는 시를 지었다. 설도는 우리에게 "꽃잎은 하염없이 바람에 지고 만날 날은 아득타 기약이 없네"라는 가곡 〈동심초〉에 의해 잘 알려진 인물이다. 이 노래는 설도의 시 「춘망사(春望詞)」의 3연에 들어 있는 "風花日將老 佳期猶渺渺 不結同心人 空結同心草"를 번역[6]한 것이다. 매

6　김안서 역시, 김성태 작곡의 가곡이다.

창보다 1천 년 앞서 살았던 기생 설도의 대표작인 「춘망사」
는 11세 연하인 시인 원진(779~831)과 이루어질 수 없는 사
랑을 그린 것이었다.

한준겸은 매창을 단순히 사대부들의 흥을 돋구어주는
기생으로 여기지 않고 당당히 시기(詩妓) 혹은 가기(歌妓)라
부르며 시인으로 존중하였다. 매창의 시재에 한껏 매력을
느껴 극찬을 한 한준겸의 시에 화답하여 매창도 「용안대에
오르다」라는 제목으로 다음과 같이 적절히 응수하였다.

듣자 하니 장안의 으뜸가는 호걸이라지요   云是長安一代豪
구름 깃발 닿는 곳마다 물결이 고요해라.   雲旗到處靜波濤
오늘 아침 임을 모시고 신선 이야기를 하는데 今朝陪話神仙事
봄바람에 제비는 날고 서쪽의 해는 높아가네. 燕子東風西日高

관찰사라는 공직을 수행하는 한준겸의 장래를 축원하
는 아름다운 뜻이 잘 드러나고 있다. 거친 파도를 잔잔하게
누그러뜨리듯이 고단한 백성의 삶을 평안하게 이끌어가길
바라는 마음을 표했다. 상대방을 신선과 같은 존재로 추켜
세우는 의도 또한 둘의 관계가 돈독함을 말해주며, 인간적
으로 감사함을 담아 상대의 행복을 기원함이 느껴진다. 한

편 전반부의 '호걸'로 대표되는 시상이 인간 현실의 영역을 가리킨다면 후반부 '신선'으로 상징되는 하늘(자연)의 세계로 댓구를 이룬다는 점에서 시적 효과는 더욱 상승될 수 있다. 한준겸은 요직을 두루 역임했는데, 1605년에는 호조판서에 특진되었으며 그 뒤 대사헌·한성부판윤 및 평안도와 함경도의 관찰사를 지냈다. 특히, 함경도관찰사로 있을 때는 『소학』·『가례』 등의 책을 간행하고 보급해 학문을 진흥시켰다.

한준겸은 전주에 1년 반밖에 머물지 못하고 1603년 8월 예조참판으로 자리를 옮김에 따라 부안을 떠나야 했다. 1604년 32세가 된 매창은 자신을 '부안이 천 년 만에 낳은 최고의 시인'이라 칭송했던 한준겸을 그리워하는 시 「옛날 일을 생각하다(憶昔)」를 지었다. 관찰사로 재직하는 동안 특별히 자신을 이해하고 잘 보살펴주었던 한준겸에게 고마운 마음을 전하고 싶었을 것이다.

임이 유배되어 내려온 것은 임인 계묘년   謫下當時壬癸辰
이 몸의 시름과 한을 뉘와 더불어 풀었던가.   此生愁恨與誰伸
홀로 거문고 끼고 고란곡을 뜯으면서   瑤琴獨彈孤鸞曲

슬픈 마음으로 선계에 계실 그대를 그려보네   悵望三淸憶玉人

임인년, 계묘년은 1602년과 1603년으로 한준겸이 관찰사 부임의 명을 받고 전주에 내려온 시기이다. 앞에서도 매창은 한준겸과의 시적 대화 속에서 하늘의 '신선' 운운했지만, 매창은 한준겸을 인간 세상으로 귀양 온 신선 같은 존재로 인식했다. 매창은 한준겸이 가까이 있는 동안 근심 걱정을 안 해도 될 만큼 심적 도움을 많이 받았다. 그러나 이제 그가 떠나게 되었고 매창은 거문고를 끌어안고 아쉬움을 노래해야 했다. 난새는 전설 속 상상의 새로 봉황과 비슷한 새를 가리킨다. 난새는 제 짝이 있어야만 기뻐 춤을 추므로 짝을 잃은 난새를 위해 거울을 갖다 놓으면 난새는 거울에 비친 제 모습을 짝인 줄 알고 춤을 추는 속성이 있다고 한다. 하지만 송나라 범태(355~428)의 「난조시서(鸞鳥詩序)」에 나오는 난새 이야기는 다르다. 난새가 계빈국[7]의 왕에게 잡혀 새장에 갇혔다. 왕은 난새가 노래하기를 기다렸으나 3년 동안 울지 않았다. 그래서 왕은 새장 앞에 거울을 걸어 바라

---

7   AD 2~5세기 인도 북부에 있었던, 불교가 매우 성행했던 고대국가이다.

보게 했다. 그러자 난새는 슬피 울기 시작하였다. 결국 난새는 거울을 향해 달려들어 부딪쳐 죽고 말았다. 이 외로운 난새 이야기를 노래로 만든 것이 〈고란곡(孤鸞曲)〉이다. 한준겸과의 이별은 특별했던 듯하다. 매창은 거문고를 뜯으며 〈고란곡〉을 연주하였다.

자신을 난새에 비유하며 일평생 가슴에 한을 품고 살아야 했던 허난설헌처럼 매창은 자기를 난새에 빗대고 싶은 마음이었다. 「화가에게 주다(贈畫人)」라는 시의 일부인 "그대가 나를 위해 그려준 푸른 난새 그림/오랫동안 거울을 바라보며 짝이 온 듯 기뻐하네(煩君爲我靑鸞畵 長對明鏡伴影歡)."를 보더라도 매창은 자신의 불우한 처지가 곧 난새와 같다고 생각했음을 알 수 있다. 「거문고를 타다(彈琴)」라는 시의 일부인 "외로운 난새의 곡조는 뜯지를 말자더니/끝내 백두음[8] 가락 스스로 타네(莫彈孤鸞曲 終作白頭吟)."를 통해서도 자신의 외로움을 난새로 형상화하고자 했음을 확인하게 된다. 이처럼 그녀는 끊임없이 자기를 슬피 우는 새와

---

[8] 전한의 사마상여(BC 179~BC 117)가 출세를 한 후 첩을 들이려
   하므로 부인 탁문군이 〈백발의 노래(白頭吟)〉를 지어 부부관계를
   끊으려 하자 사마상여가 단념했다고 한다.

같은 고독한 존재로 인식했다. 삼청은 임이 되돌아간 신선의 세계를 말한다. 한준겸이 떠난 후의 서러움은 어느 때보다 컸던 것 같다. 한준겸은 1623년 인조반정으로 그의 딸이 인렬왕후(1594~1635)에 책봉됨에 따라 인조의 장인으로 서평부원군에 봉해졌다.

분별력이 부족하여 백성들의 원망을 샀던 임정의 뒤를 이어 내려온 부안현감 윤선이 매우 길다고도 할 수 있는 5년의 임기가 만료될 때까지 선정을 베풀었으므로 그가 떠난 다음 백성들은 자진하여 그를 기리는 비를 세웠다. 윤선은 매창과도 친밀한 관계의 인물로, 허균이 떠나고 매창은 윤선을 만나 사랑한 바 있다. 허균이 "부안 기생 매창은 시에 솜씨가 있고 노래와 거문고에도 뛰어났으며 어떤 태수가 그녀와 가깝게 지냈다."[9]라고 했는데 그 태수가 바로 윤선이다. 매창은 나이 서른이 되던 해 자신의 삶에 영향을 미치는 두 인물, 즉 전라관찰사인 한준겸과 부안현감인 윤선을 만난 셈이다.

---

9   허균, 『성소부부고』 권24, 『성수시화』.

그 후 매창이 35세가 되던 1607년 윤선의 뒤를 이어 휴옹 심광세가 부안현감에 임명되었다. 광해군이 즉위하기 직전 정세가 불안함을 느낀 심광세는 외직을 자청하여 부안현감으로 내려온 것이다. 실제로 심광세는 교리로 있던 광해군 5년(1613)에 계축옥사가 일어나 무고를 입고 경상도 고성으로 유배되어 10년 동안 귀양살이를 해야 했다.

　　심광세는 부안현감으로 있으면서 전년도 해운판관을 지내며 한 차례 유람한 적이 있는 변산을 다시 편안한 마음으로 둘러보고 기행문「유변산록」을 짓기도 했다. 즉 심광세는 부안현감으로 부임한 지 석 달 만인 1607년 5월에 공무로 바쁜 가운데 틈을 내어 함열현령 권주, 임피현령 송유조, 부안에 사는 진사 고홍달, 심광세의 아우 심명세와 함께 변산을 유람했다. 특히 매창을 허균에게도 소개한 바 있는 고홍달은 부안 토박이로서 심광세 일행의 유람에서 길잡이 역할을 했다. 심광세의 이「유변산록」은 영주산이나 봉래산으로도 불리듯이 예부터 신선들이 사는 곳이라고 알려질 정도로 경치가 아름다운 변산을 소개한 것이요, 최초로 변산에 관한 유산록이 되었다.

　　매창은 심광세가 위에서 말한 다섯 사람과 함께 어수

대, 청계사를 비롯한 변산 일대를 동행하였을 것이다. 그들이 가장 먼저 오른 어수대의 이름은 신라 왕이 놀러 왔다가 3년이나 머물며 돌아가지 않은 곳이라 하여 붙여졌다고 전한다. 심광세는 어수대에 올라 "속세에서 벗어났다는 생각에 훨훨 날아갈 것만 같았다."[10]라고 적었다. 함께 갔던 매창도 신선이 된 듯한 탈속의 느낌이었을 것이다. 유람한 뒤 매창은 「어수대에 오르다(登御水臺)」, 「봄날을 원망하다(春怨)」, 「병이 들다(病中 1)」 등의 시를 지은 것으로 추정된다. 여행은 인간에 대한 긍정의 시각을 갖게 하는 힘이 있다. 여러 사람과 동행하여 유람을 마치고 돌아온 이후 매창과 심광세는 더욱 가까워진 듯하다.

　　얼마 시간이 지나지 않아 매창의 나이 36세가 되던 1608년 어느 봄날, 매창은 자신을 불러준 부안현감 심광세 앞에서 거문고 연주에 맞춰 시 한 수를 읊었다.

대숲에 봄이 깊어 새들이 지저귀는데　　　　竹院春深鳥語多
눈물에 지워진 화장자국 보일까 창문 가렸지요.　殘粧含淚卷窓紗

10　심광세, 『휴옹집』, 유변산록.

거문고 끌어다가 상사곡을 연주하고 나니 瑤琴彈罷相思曲
봄바람에 꽃이 떨어지고 제비들은 비껴 나네요. 花落東風燕子斜

「봄날을 원망하다(春怨)」라는 제목의 이 시는 부안 관아에서 지은 것이라고 한다. 항상 그랬듯이 따스한 봄날은 그녀에게 슬픔을 가져다주었다. 사실 우리가 기다리는 새로운 봄은 대단히 찬란하고 아름답다. 그러나 찬란한 아름다움은 우리 곁에 그리 오래 머물지는 못한다. 오히려 봄에 대한 애잔함을 노래하는 작품이 많은 것도 이 때문이다. 쓸쓸하게 비워지는 데서 아름다움은 더 커질지도 모르며 이로써 매창은 더욱 순수한 시인에 다가갈 수 있었을 것이다. 위 시를 들은 심광세는 즉시 「계랑의 시에 차운하다(次桂娘韻)」라는 작품으로 답을 했다. 그의 문집인『휴옹집』에 들어 있는 시는 아래와 같다.

깊은 시름 꿈에서 깨는 경우 많은데 閒愁壓夢覺偏多
눈물이 그렁그렁하여 베개를 흥건히 적셨네. 粉淚盈盈濕枕紗
땅에 가득 떨어진 꽃잎들 봄빛도 지나가는데 滿地洛花春色去
발 사이로 가랑비 내리고 향로의 연기가 비끼네. 一簾微雨篆煙斜

매창을 좋아하던 심광세가 차운하여 지은 위 시에는, 시름, 눈물만이 아니라 떨어지는 꽃잎, 내리는 가랑비 등 어느 하나 부정적 이미지와 무관하지 않으며 더구나 전반부의 인간적 조건과 후반부의 자연적 현상은 작자의 시상을 적절히 담아낸다. 무엇보다도 순수한 심성을 지닌 아름다운 시인으로서의 매창을 부각시키고 싶은 심광세의 의도가 잘 드러났다. 그러기에 심광세는 위 시 뒤에다 매창을 일컬어 "부안의 시기다."라는 주를 달았다. 앞에서 한준겸도 매창이 시인임을 강조했듯이 매창과 시를 주고받다보면 사람들은 그녀의 시재에 감동을 받았음에 틀림없다.

　　한편 위 시가 지어질 무렵 가을을 맞아 심광세는 공주 목사를 지내던 허균의 초대로 매창과 함께 부여 백마강에 놀러가서 "천 길 낭떠러지 절벽 아래로 꽃이 떨어질 때/만세의 국토는 오늘 저녁에 이지러지네/눈을 들어 산하를 보며 이런저런 생각 할 제/한 가닥 피리 소리만 바람에 실려 오네(千尋絶壁落花時 萬世金甌此夕虧 擧目山河無限意 一聲長簫倚風吹)."[11]라는 시를 짓기도 하였다. 백제의 쓸쓸한 운명

11　심광세, 『휴옹집』「次落花巖韻」.

을 생각하며 낙화암에 올라갔던 무리들 중 어느 한 사람의 시에 차운하여 지은 것이다. 그 날 모임에 참석한 사람 대부분이 시를 지었으며, 매창도 「부여 백마강에서 놀다(遊夫餘白馬江)」라는 시를 읊었다.

심광세는 스스로 여유로운 지방 생활을 원해 부안현감으로 와 있으며, 매창과 만남을 이어가던 중 1607년 12월에 공주목사로 부임했다가 불과 8개월 만에 파직된 허균을 부안에 머물도록 배려해야 했다. 택당 이식도 손위 처남인 심광세를 찾아 부안에 왔다. 그리고 부안에 사는 고홍달은 자주 만나면서도 심광세에게 늘 반가운 사람이었다. 고홍달은 심광세를 비롯하여 권필, 김지수, 임전 등 부안을 찾는 문인들과 격의 없이 교유하며 시를 주고받았다.

일찍이 심광세는 뛰어난 문장력 이외에 탁월한 정치력을 지니고 있었다. 이를 테면 인조에게 '시무십이조'와 '안변십책'을 건의하는 등에서 정치적 안목이 돋보인다. 특히 그의 할아버지는 대사헌 심의겸(1535~1587)이고, 외할아버지는 좌찬성 구사맹(1531~1604)이며, 장인은 호조판서를 지낸 황신(1560~1617)으로, 그의 친인척 모두 당시 쟁쟁한 가문이었다. 조선 중기 이름난 문장가 중의 한 사람인 택당 이식도 심광세의 매부다. 이식은 여러 기생에게 희롱하는 시를 지어줄 정도로 기생에 대해 거부감을 느꼈던 이안눌(1571~1637)의 조카이기도 하다. 심광세는 이렇듯 좋은 배경을 둔, 우리 역사 속의 정치인으로서 해박한 지식과 경륜을 지닌 인물로 평가받는다. 그는 광해군 때 유배된 적은 있으나 인조반정 후에 다시 등용되어 순조롭게 직무를 수행해나갈 수 있었다. 이괄(1587~1624)의 난이 일어나 인조를 찾아가다가 죽게 되었는데, 지병이 위독해지자 임금이 의원을 보냈음을 감안하면 정치적으로 불행한 죽음은 아니었다.

1607년 2월에 부임했던 심광세는 1609년 2월 2년 남짓 복무하고 부안을 떠나 한양으로 가게 되었다. 매창에게 봄은 봄이 아니었다. 그녀에게 봄은 야속하게도 늘 이별의 상황으로 다가왔다. 때마침 봄바람이 부는 밤 달빛이 매화나무 가지에 걸치고 보슬비가 창가에 맺혔다. 심광세가 떠난 봄날 매창은「스스로 탄식하다(自恨 1)」라는 시를 지었다.

하룻밤 봄바람에 비가 오더니　　　　東風一夜雨
버들과 매화가 다투어 피네.　　　　柳與梅爭春
이 좋은 시절에 차마 못할 짓은　　　對此最難堪
잔 잡고 정든 임과 이별이라네.　　　樽前惜別人

계절의 봄은 인간사와 관계없이 천지를 충만하게 한다. 그러나 꽃이 피고 기운이 생동하는 새봄에 굳이 이별해야 하는 마음이 너무나 안쓰럽게 느껴진다. 화사한 봄날에 꽃비가 바람에 흩날리듯이 그녀의 텅 빈 마음속은 공허함으로 넘쳐났다. 심광세가 떠난 뒤 매창은 한동안 문을 닫아걸고 그리워하는 정념에 눈물만 쏟아냈다. 죽기 얼마 전 매창의 초췌해진 모습을 훤히 떠올리게 할 만큼 애처롭기 그지없다. 이별이 사람을 얼마나 힘들게 하는가를 적나라하게 증언하고 있다. 매창에게 심광세는 의례적으로 모시는 고을의 수령이 아니라 절친한 벗과 같은 존재였으며, 더 나아가 존경하는 인물이었다. 택당 이식이 지은 묘표에는 "국가가 어려움을 겪을 때마다 개연히 탄식하면서 사라진 법을 살리고, 무비(武備)를 닦아서 국가의 장구한 계획을 세워 보려 했다."[12]라고 기록되어 있다.

평소 중국과 조선의 역사에 관심이 많고 사실에 밝았던 심광세는 광해군 측근에 의해 일어난 계축옥사로 경상도 고성에 유배가 있을 때에 우리 역사를 소재로 하여 「해동

12   권필, 『석주집』 권7, 「선연동」.

악부」라는 연작의 악부시를 지었다. 우리의 악부시는 한시의 엄격한 형식에서 벗어나고 우리말 어휘나 표현을 옮기려 했다는 점에서 중국의 악부와 다르다. 심광세의 「해동악부」는 우리 역사에 대한 주체적인 각성을 배경으로 역사의 흐름을 파악하면서 의미를 찾는 작업을 처음 본격적으로 시도했다는 점에서 악부시계열 및 문학사상사적인 의의가 높다. 중국에서 받아들여 문학 창작의 새로운 경향을 시도하게 된 「해동악부」 서문에서, 심광세는 조선의 학자들이 중국 서적만 익히고 우리 서적은 제목조차 모를 만큼 우리 사실에 어둡기 때문에 악을 자행하는 일이 있다고 하면서, 우리 역사 가운데 거울삼을 만한 사실을 선정하여 명백히 권고 경계의 뜻을 밝힌 바도 있다. 그가 「해동악부」에서 정몽주가 이방원의 설득에 응하지 않은 절의의 인물임을 부각시킨 것도 그의 지적 감각과 선비의 식에 부합한다.

　매창은 한양으로 떠난 심광세를 그리워하면서 "덧없이 달콤한 꿈꾸다가 놀라 깨고는/나지막이 세상살이 어려움을 읊조리네(驚覺夢邯鄲 沉吟行路難)."라며 「홀로 아파하다(自傷 4)」라는 시를 짓기도 했다.

매창의 나이 37세 때인 1609년 1월에 석주 권필(1569~1612)이 부안을 찾아왔다. 심광세가 아직 부안현감직을 수행하고 있을 때이다. 권필은 불우한 처지에 놓여 과거시험을 치지 못했고 시를 지어 세상일을 비판하다가 멀리 귀양도 갔었다. 성격도 자유분방하고 구속받기 싫어하여 벼슬하지 않은 채 야인으로 일생을 마칠 수 있었다. 그는 「충주석」이라는 시의 마지막 한 구절에서 "하늘이 무딘 것을 낼 때 입이 없게 해서 다행이지/돌에 입이 있게 하면 응당 할 말이 있으리라(天生頑物幸無口 便石有口應有辭)."[13]라고 일갈하였다. 충주의 아름다운 돌을 캐다 세운 세도가의 신도비가 얼마나 위선적인가를 지적하면서 '돌도 입이 있으면 할 말이 있을 것'이라며 하층민의 아픔을 대변하고자 했던 그의 저항성과 진정성에 우리는 주목하지 않을 수 없다. 권필은 이같이 광해군의 폭정을 풍자하는 시를 지었다가 매를 맞고 유배 가던 도중에 죽었다.

한편 신분제하에서의 기생은 인격과 무관하게 남자들에게는 성적 호기심이나 욕망 충족의 상대 이상이기 어려

13 권필, 『석주집』 권2.

웠다. 아무리 높은 절행으로 자신의 몸가짐을 바르게 하려 해도 존중받기는커녕 조롱받기 십상인 것이 기생들의 처지였다. 이른바 남성 지배 체제에서는 권력에 의해 여성의 성적 통제가 수월했는데, 이러한 부조리한 사회에 맞서 권필은 기생을 여주인공으로 하는『주생전』을 짓기도 했다.『주생전』은 우리 소설사에 있어 애정소설로서 최초로 전기성이 배제된 사건 설정으로 이루어졌다는 의의가 큰 작품이다. 이 소설에서 기생 배도가 양반 주생과 관계를 맺기 전에 입신출세하여 자기의 이름을 기적에서 빼줄 것을 주생에게 당부하며 몸을 허락하는 대목은 개방적이지 못한 사회에서 당하는 기생들의 아픔을 잘 반영한다.

권필은 기생이 겪는 삶의 실상을 안타까워하며 "수많은 넋은 날아 흩어지지도 않고/지금 비 되어 내리고 다시 구름 되네(無無限芳魂飛不散 至今爲雨更爲雲)."[14]라는 시를 짓기도 했다. 평양성 칠성문 밖에 있는 기생들의 무덤인 '선연동'을 소재로 읊은 작품이다. 화려하게 살았을지도 모르지만 꽃다운 넋은 흩어지지도 못한 채 구름이 되고 비가 되어

---

14   권필,『석주집』권3,「悼妓」.

내릴 정도로 쓸쓸함만 불러일으킨다. 기생의 죽음을 애도하는 다른 시에서도 "해마다 제방 위 풀빛이 짙어오면/너울대던 춤사위가 공연히 그립네(年年大堤草 空覺舞時裙)."[15]라고 한갓 봉분으로 남은 기생의 애틋한 삶을 회상하였다.

조선 중기의 4대 문장가 가운데 가장 선배로 숭앙받던 월사 이정구(1564~1635)는 외교적인 수완과 문장력으로 대제학을 거쳐 정승의 자리에까지 올랐던 인물이다. 명성과 이익을 좇는 자들은 시에 전념하지 못해 뛰어난 시인이 될 수 없다던 그는 권필에 대해 "기상은 우주를 막고 눈은 천고를 뚫어 그 포부를 속인이 가히 측량할 바가 아니었다."[16]라고 한 바 있다. 이정구와 권필은 어릴 때부터 서로 이웃하여 살았으며 권필에게 현실적으로 도움을 가장 많이 준 인물도 이정구였고 권필의 재능에 대한 그의 신망도 두터웠다.

부안에 내려온 권필은 전에도 만난 적이 있는 고홍달을 다시 만나고 싶어 했다. 고홍달은 부안에서 태어났고 매창과 한 고을에서 자랐으며 그녀보다 두 살 아래의 벗이라

---

15 이정구, 『월사집』 권39.
16 심광세, 『휴옹집』 권5.

할 수 있다. 매창은 부안현감 심광세와 권필 등과 함께 고홍달의 집을 방문하였다. 오랜만에 찾아온 권필이 먼저 "한 차례 이별한 뒤 몸도 멀어져/다시 찾은 길, 세월도 꽤나 흘렀구려(一別身仍遠 重來歲已華)."(「고홍달이 그윽한 곳에 거주하는 것에 붙이다(題高達夫弘幽居)」)라는 시를 지었다. 그리고 이에 차운하여 심광세가 "남은 생애는 순탄한 삶에서 벗어나/몇 번이나 세월을 보내려나(餘生離順境 幾度送年華)."(「권필이 고홍달에게 주는 시에 차운하다(次石洲贈高達夫韻)」)라는 시 두 편을 지었다. 그러자 매창이 이어서 「신선이 되어 놀다(仙遊 3)」를 지었다.

술병을 놓고 서로 만난 곳에	樽酒相逢處
봄바람 건듯 불어 물색이 화려해라.	東風物色華
연못에는 푸른 버들이 가지를 늘어뜨리고	綠垂池畔柳
누각 앞의 붉은 꽃들은 봉오리를 터뜨리네.	紅綻檻前話
외로운 학은 물가로 돌아오고	孤鶴歸長浦
모래 가에는 저녁노을 드리웠네.	殘霞落晚沙
술잔을 연달아 주고받다가	臨盃還脈脈
날이 밝으면 이 몸은 하늘로 돌아가리라.	明日各天涯

이는 권필과 심광세 두 사람이 지은 시의 내용은 물론

정서와 분위기 등을 한데 수렴하여 신비로운 경지로 이끈 것이라 할 수 있다. 술을 벗 삼아 인간끼리 서로 화합하고, 봄바람에 물색이 빛을 발하며 인간과 신비를 이룬다. 푸른 버들과 붉은 꽃이 온통 자연을 충만케 하고 있다. 물론 그녀에게서 봄의 이미지는 쓸쓸함을 자아내기도 한다. 외로운 학조차 저녁노을과 함께 어우러지는 황홀한 지경이야말로 신선의 세계가 아니면 설명하기 어렵다. 매창은 뜻이 맞는 풍류적 동지들과 밤새 술을 마셨을 것이다. 특히 권필은 송강 정철(1536~1593)의 제자답게 술로 낙을 삼을 정도였다. 실록에서도 "일찍이 과거를 포기한 후 벼슬에 임명해도 나아가지 않았으며 강호 사이를 방랑하면서 오직 시주로 즐겼다."[17]라고 권필이 현실에 얽매이지 않고 술과 시로 살았음을 증언하고 있다. 한편 매창은 권필, 이원형 등과 함께 윤선의 선정비 앞에서 거문고를 타며 〈자고사〉라는 노래를 부른 바도 있다.

반대 당파지만 동갑내기 절친한 벗인 권필에게 보낸 허균의 편지 한 구절은 다정다감하기 그지없다. 즉 "연꽃은

17 『인조실록』 원년 4월 11일.

붉은 꽃잎이 반쯤 피었고 녹음은 푸른 일산에 은은히 비치는데 이 가운데 마침 동동주를 빚어서 젖빛처럼 하얀 술이 동이에 넘실대니, 곧 와서 맛보시기 바라네. 바람 잘 드는 마루를 벌써 쓸어놓고 기다리네."[18]였다. 권필은 강화에 살면서 서울에 올 기회가 생기면 허균의 집에 찾아와 술을 마시고 시를 읊었던 것이다. 허균이 공주목사로 있을 때는 권필의 아버지 문집도 간행했다.[19]

권필의 시적 재능에 대해서는 허균이나 남용익(1628~1692) 등 많은 사람들이 높이 평가할 만큼 시인으로서의 그의 위상은 최고의 경지에 이르렀다고 할 수 있다. 허균은 권필의 천재성을 두고 "오직 천기를 희롱하고 오묘한 조화를 탈취할 때에 이르러 그 정신이 빼어나고 울림이 맑으며 격조가 뛰어나고 상상이 깊은 것이 최상이다."[20]라는 평을 했다. 허균은 「권필(權汝章)」이라는 제목의 시를 통해서는 "시를 지으면 하늘을 꿰뚫었으니/뛰어난 그 솜씨를

---

18 허균, 『성소부부고』 권21 척독 하.
19 허경진, 「매창집에 관련된 인물과 창작 시기에 대하여」, 『한국한문학연구』 40호, 한국한문학회, 2007.
20 심기원, 『석주소고』, 허균, 「석주소고서」.

그 누가 화답하랴(爲詩透天竅 絶唱誰能和)."[21]고 말하기도 했다. 한편 장유(1587~1638)는 "시는 천기이다. 자연에서 나오는 것이다. 베끼면 광대요 본뜨면 거짓이 된다. 진실을 어찌 천기라 이르지 않을 수 있는가."라고 하면서 권필의 시에는 "천기가 움직이지 않음이 없다."[22]고 평했다. 권필이 전에 볼 수 없이 독특한 시세계를 이룩하자 허균과 장유가 각각 문집의 서문을 써서 그 의의를 드높이기까지 했다.

　　매창이 헤아릴 수 없는 근심과 시름을 강남곡에 담아 「거문고를 타다(彈琴)」라는 시를 짓자, 권필은 그녀의 속내를 알아채고 「여자친구 천향에게 주다(贈天香女伴)」[23]라는 시를 써주었다. 조선 제일의 시인이자 선비가 기생을 상대로 시의 제목을 이 같이 「여자친구 천향에게 주다」라고 했음은 예사로운 일이 아니다. 기생이 아니라 '친구'라 부르고, 매창의 아름다운 자(字)인 '천향'을 사용할 만큼 상대를 존중해주고 친근감을 표현한 것은 매창에게는 지극히 영예로운 일이다. 땅(세상)에 고운 미색은 많으나 고운 향기는 아

21　허균, 『교산 허균 시선』, 허경진 역, 평민사, 2013.
22　권필, 『석주집』권1, 장유, 「석주집 서문」.
23　권필, 『석주집』권7.

무 데나 있지 않은 법이다. 매창이 만난 사대부 가운데 권필과는 그리 오랫동안 교류한 것은 아니었지만 실제로 매창과 가장 많은 시를 주고받은 이는 바로 권필이다.

신선 같은 자태는 이 세상과 맞지 않아　仙姿不合在風塵
홀로 거문고 안고 저무는 봄을 원망하네.　獨抱瑤琴怨暮春
줄이 끊어질 때 간장 또한 끊어지니　絃到斷時腸亦斷
세간에 음률을 아는 이 만나기 어려워라.　世間難得賞音人

권필은 첫 구절부터 매창에 대해 '자태가 고상하여 현실에 어울리지 않는다'라는 도발적인 표현을 했다. 권필은 매창을 '신선'으로 보며 그녀의 청정한 삶을 세상이 몰라주는 것에 대해 안타까워하고 있다. 그녀의 가슴속에 서린 원망과 아픔을 헤아리기 어렵듯 그녀의 음악적 재주를 이해하기도 쉽지 않음을 지적하는 권필의 지인으로서의 혜안을 보여주고 있다. 2구의 "홀로 거문고를 안고 저무는 봄을 원망하네."라는 것은 윤선의 비석 앞에서 거문고를 뜯으며 〈자고사〉를 불렀던 매창의 모습을 연상케 한다. 이원형이 매창을 보고 「윤공비(尹公碑)」라는 시를 지었던 때보다 한두 달 뒤에 나온 이 시로 말미암아 이 시기 이원형의 시를 자기의 문집에 넣었던 권필이 매창을 만났음을 알 수 있다.

　　매창은 죽기 직전까지도 평생 야인으로 살면서 험난한 세태와 철저히 부딪치는 가운데 시인으로서의 사명을 깊이 자각했던 권필과 시적 교류를 하고 있었다. 권필은 매창에게 시의 예술적 미학을 넘어 삶의 심오한 이치를 가르쳐 준 인물이라고까지 한다. 그만큼 순수한 시인으로서의 매창과 그녀를 알아주는 권필이 가까운 관계였음을 뜻한다. 어느 기생의 죽음을 애도하는 시도 지은 바 있는 권필은 자기 성찰을 통한 허무와 갈등을 토로하고, 잘못된 사회상을 비판 풍자한 깨끗한 선비였다.

　　한편 권필이 매창 앞에서 읊은 시에 매창이 화답해야 하는 일이 생겼다. 살구꽃이 떨어질 무렵 권필이 매창을 찾아와 「무제(無題)」라는 제목의 시를 주었기 때문이다. 매창은 「봄날에 근심 일다(春愁 1)」라는 시를 지어 답하였다.

긴 제방 위 봄풀의 빛깔이 스산하여　　　　　　長堤春草色凄凄
옛 임이 오시다가 길을 잃었나 하겠네.　　　　　舊客還來思欲迷
예전 꽃이 만발해 함께 노닐던 곳도　　　　　　故國繁華同樂處
온 산에 달빛 비추는데 두견새만 울고 가네.　　滿山明月杜鵑啼

봄풀과 옛 임이 자연과 인간으로 대비되고, 꽃이 만발한 곳과 임과 함께 노니는 것 또한 인간과 자연의 대립일 수도 있다. 한편 달빛 가득한 산과 울고 가는 두견새를 포함하여 인간과 자연 상호간의 조화를 상정하는 것일 수도 있다. 매창은 자신을 찾아온 권필의 어려운 입장을 위로하며 격려하고 싶었을 것이다. 다만 봄은 여전히 그녀에게 처연함을 실어다 준다. 두견새만 울고 가는 것이 아니라 권필도 한양으로 떠났다. 유희경, 허균, 한준겸, 심광세 등 가까이 지내던 사람이 떠날 때마다 시로 풀어냈던 매창의 '아픔'은 권필과 이별하던 시기, 즉 자신이 죽기 전 해에 이르러 극에 달했던 것 같다.

6
기생이길 거부하다

기생집에서 하지 말아야 할 다섯 가지 행동이라는 '기방오불(妓房五不)'의 첫 번째가 기생의 맹세를 믿지 말라는 것이었다. 그토록 신뢰를 얻기 힘든 직분의 기생이면서도 거리낌 없이 행동하기는커녕 오히려 강렬하게 윤리적 가치를 추구했던 매창의 태도는 칭찬받아 마땅하다. 더구나 중세사회 완고한 도덕적 이념의 지배 아래서도 도도히 흐르는 인간의 성적 욕망을 드러낼 수밖에 없었던 사대부 가문의 적지 않은 여성들을 생각하면 더욱 매창 같은 기생의 절제와 자존감은 값지지 않을 수 없다.

세상에 명성을 떨쳤던 조선의 기생으로서 황진이와 비

교될 때에 황진이를 호탕한 기질에 파격적인 행동으로 규정하는데 반해, 매창은 차분한 성격에 품위 있는 몸가짐으로 절개가 높았던 인물이었다고 하는 것도 일리가 있다. 아울러 꽃에 비유하면서 황진이가 가시를 머금은 오뉴월의 화려한 장미 같은 여인이었다면 매창은 초봄의 은은한 향기를 뿜어내는 매화 같은 여인이었다고 하는 것도 동의할 만하다.

무엇보다 그토록 여자 관계가 복잡한 허균이 매창과 10년 동안이나 교류하면서 육체적으로 범하지 않고 친밀한 관계를 유지한 것[1]을 보면 허균의 처신이 의아스럽기까지 하다. 물론 허균이 매창과 잠자리를 하지 않은 주된 이유는 매창이 이귀의 애인이라는 사실을 알았기 때문일 텐데 그보다 더 중요한 것은 매창의 태도에 있다. 매창은 허균을 처음 만났던 밤에도 조카를 들여보낼 만큼 매화 같은 절조[2]가 몸에 배어 있었는데 이를 보면 매창이 얼마나 고상하고 정숙한 여성이었는지를 짐작할 수 있다. 허균은 매창이 죽은 뒤에도 '신선이 다시 하늘로 돌아갔다'[3]는 표현의 시까지 짓고

1　허균, 『성소부부고』 권21.
2　『조선해어화사』에서도 매창에 대하여 절개가 있다고 하였다.
3　허균, 『성소부부고』 권2.

시에 주를 달아, 그녀와 자신의 관계가 오래도록 시들지 않았던 것은 매창의 재능이 뛰어나고 성품이 고결했기 때문이라고 했다. 당대 최고의 진보적 지식인이었던 허균을 매료시킨 것은 매창의 시와 노래보다 그녀의 인격이었던 듯하다.

허균은 매창을 가리켜 얼굴이 비록 예쁘지는 않지만 재주와 정취가 있었다[4]고 말한 바도 있다. 뛰어난 문인이었던 임방도 그녀의 재주와 정취에 대해서 높이 평가하였다.[5] 당대 최고의 문장가였던 권필 또한 매창을 '여자친구'로 부르며, 그녀의 모습을 "신선과 같은 자태"로 표현했다. 문화 침탈의 일제시대에 조선 기생의 역사를 살피고 정리한 이능화는 매창을 두고 "성정이 절개가 있고 깨끗하여 세상 어지러움에 물들지 않았으며 음란한 일을 좋아하지 않았다."[6]라고 함으로써 매창의 차별적 가치를 성정과 인품에서 찾고자 했다.

그녀를 아는 모두가 하나같이 그녀의 '인품'을 칭송하

---

4   허균, 『성소부부고』권18.
5   홍만종, 『시화총림』.
6   이능화, 『조선해어화사』30장.

는 것을 보면 매창에게서 특유의 정신적 가치를 부각시키지 않을 수 없다. 비록 기생이지만 매창에게는 기생들이 지닌 요염함이나 천박함이 없었던 것이다. 타고난 품성이 맑을 뿐만 아니라 자신을 혼탁한 무리에 가두고 싶지 않음을 호언하기까지 했다. 아니 매창은 사는 동안 자신이 기생이라는 사실을 마음속으로 부정했다고 하여도 과언이 아니다. 근대 시기 기생들이 자아를 성찰하면서 "선배 기생의 고상함을 본받자"라고 했던 것도 이런 데 근거를 두고 한 말이라 할 수 있다. 사실 매창이 신분적 질곡에서 벗어나 위대한 시인으로 자리매김하게 된 것도 원천적으로 그녀가 지닌 정신적 자존감과 인격적 태도에서 비롯된다. 매창은 출신 성분으로 인해 불가피하게 기생이 되었으나 기생이 되었다고 해도 자신을 방치하기에는 너무나 능력이 뛰어나고 성품이 곧은 여성이었다. 매창은 인격적 존재를 지향하고 실천하는 데는 능동적 자세를 취했다.

기생에게 규방에 들어앉은 일반 여성이 보여주는 것과 같은 정숙함을 요구하는 것은 무리다. 그렇다고 기생이 사대부가의 규수를 부러워하고 그녀들처럼 품위를 지키고 싶어도 사회적으로 용납되기는 어렵다. 기생들은 예능인으로서의 자긍심을 갖고 국가에 봉사해야 할 의무가 있으면서도 먹고살기 위해 개인적으로 사대부들의 흥취를 돕고 잠자리 시중도 들어야 하는 특수한 입장에 놓여 있었던 것이다. 그러나 매창은 비록 여러 사람을 상대할 수밖에 없는 처지였어도 그녀가 내적으로 소통한 인물은 몇 명 되지 않았다. 남성들의 향락적 대상이 되지 않았을 뿐만 아니라 자존감을 지키려 노력했기 때문이다. 매창이 자발적으로 선택하고 속정을 주었던 남성은 유희경, 이귀, 허균 등 몇 사람에 지나지 않는다. 다른 사람들과는 대체로 풍류적 교감만 있었을 뿐이다. 이귀를 매창이 유희경과 헤어진 후 정을 준 두 번째 남자, 허균을 평생 우정을 지킨 세 번째 남자로 보는 것도 기생으로서 매창이 깨끗한 정신과 몸가짐을 가졌기 때문이다.

앞서 나왔듯이 매창이 처음으로 사랑했던 유희경의 경우, 예법이 밝은 군자로서 다른 여자를 가까이한 일이 없다가 매창을 만나 비로소 파계했다. 순수한 인품에 절제가 뛰어났던 유희경이지만 나이 30세 가까이 차이가 나는 어린 매창을 보는 순간 감동하여 「계랑에게 주다」와 「장난삼아 계랑에게 주다」라는 시를 지어가며 '선녀'로 불렀다. 유희경이 한양으로 돌아간 뒤에 한참 동안 소식이 없었으나 매창이 시종일관 마음을 바꾸지 않았던 것도 다른 기생과는 거리가 먼, 그녀의 인격에서 나오는 자존감 때문이었다. 발랄한 젊음과 고운 외모에 나긋나긋 노래하고 춤추는 이름 있는 기생들에게 한량들이 모이는 것은 자연스러운 일이다. 귀한 집 자제들 셋이 다투어 그녀를 유혹하려고 음흉하게 다가오자 매창은 "만약 제가 예전에 들어보지 못한 시를 읊조려 제 마음을 사로잡는다면 저는 그런 분과 더불어 하룻밤 즐거움을 나눌까 합니다."[7]라고 배수진을 쳤다. 함부로 넘볼 수 없는 여유와 자부를 느끼게 하는 대목이다. 그녀는 그 후에도 사대부들과 정신적 교류만을 이어갔다.

지봉 이수광은 강직하면서도 온화한 관료이자 선비였다. 그는 일화를 통해 절조를 소중히 여기는 매창의 고귀한 정신을 적극적으로 전하고 있다. 그의 실천 철학과 수양론적 관심에서 나온 『지봉유설』에 의하면 계랑은 부안의 기생으로서 스스로 '매창'이라고 호를 지었다. 그리고 선비 하나가 그녀의 명성만을 듣고 어설프게 시를 지어가며 허튼 수작을 보이자 매창이 다음과 같이 「근심에 젖다(愁思)」라는

---

7   홍만종, 『속고금소총』 ; 미상, 『기문』.

시를 지어주었더니 그는 무안해하면서 가버렸다고 한다.

일생 떠돌며 얻어먹기를 부끄러이 여기고	平生耻學食東家
오직 달빛에 비친 매화만을 사랑했네.	獨愛寒梅映月斜
사람들은 고요히 살려는 나의 뜻 알지 못하고	時人不識幽閑意
마음대로 손가락질하며 잘못 알고 있네.	指點行人枉自多

봉건사회의 제도나 규범은 기생을 경박한 속성으로 규정하면서 멸시하고 희롱하는 편이다. 그러나 기생이라는 사실을 망각하거나 거부하는 매창에게는 통하지 않는다. 위시는 「근심에 젖다」 두 수 가운데 한 수이다. 여기서 매창의 목소리는 순수 시인다운 자존감의 극치를 드러내 보인다. 분노가 치밀어 오르는 상황에서 상대를 직접 비난하지 않으면서도 자신의 생각을 분명히 전하는 우아한 태도는 더욱 그러하다. 청아한 인생을 꿈꾸며 사는 매창에게 기생이라는 소문만 듣고 함부로 달려드는 나그네를 간단히 물리친 시로서, 첫째와 둘째 구절에서 매창은 자신이 헤프게 정을 주는 여인이 아니라는 점을 강조하고 달빛에 비친 매화만 사랑했을 뿐이라며 드높은 지조를 과시하고 있다. 이어 자신의 고상한 뜻을 모르고 세속적 욕망이나 채우고 싶어 하는 무리

들의 행동이 부질없음을 넌지시 비웃고 있다. 매창은 시를 통해 수없이 매화를 언급하면서 자신과 매화를 동일시했고 매화로써 자신의 위상을 더욱 치켜세우기까지 했다. 마치 유희경이 국화 시를 읊으며 자신의 맑은 흥이 도연명(365~427)의 삶과 비슷하다고 했던 것과도 부합된다. 사대부가의 부녀자들이 지배 이데올로기에 따라 정조를 지켰다면 매창은 스스로 자신의 억압적인 처지를 극복하는 방편으로 정절의 가치를 추구했다고 볼 수 있다.

간결한 성품과 뛰어난 문장으로 주위의 신망을 받았던 상촌 신흠(1566~1628)은 "전할 수 있는 것은 말이고 기록할 수 있는 것은 글이지만 전할 수 없는 것이 정신이고 기록할 수 없는 것이 마음이므로, 말이나 글은 거짓된 짓을 하더라도 정신과 마음은 거짓되게 꾸밀 수 없다."[8]라고 했다. 그는 "오동은 천 년을 묵어도 변함없이 곡조를 간직하며/매화는 일생을 춥게 살아도 향기를 팔지 않는다."[9]고 한 바도 있다. 불현듯 "청산(靑山)은 엇뎨하야/만고(萬古)에 프르르며//

---

8   신흠, 『상촌집』 권58~60, 청창연담(晴窓軟談).
9   신흠, 『야언』.

유수(流水)는 엇뎨하야/주야(晝夜)에 긋디 아닛는고//우리도 긋디 마라/만고상청(萬古常靑)하리라"라고 읊조리던, 선비 정신의 상징인 퇴계 이황이 떠오르기도 한다. 그는 평생 매화와 함께 살면서 107편의 매화시를 썼고, 매화시만 모아서 매화시첩을 발간하기도 했다. 평소 매화를 매형(梅兄), 매군(梅君)으로 부르면서 하나의 인격체로 대했으며, 70세로 세상을 떠나는 날 "매화분에 물을 주라."라는 마지막 말을 하였다.

위「근심에 젖다」는 매창의 자존 의식이 윤리적 의미와 결부됨을 잘 보이고 있는 작품이다. 비록 기생이지만 그녀는 '달빛 어린 차가운 매화' 같은 깨끗한 인생을 꿈꾸었고, '고요히 살고 싶은' 간절한 다짐과 굳은 신념을 지녔다. 현실적인 생계 문제 때문에 전원에 묻혀 살 수는 없었으나 세속에서나마 깨끗한 삶을 원했던 허균이 "내 마음 고요하고 이 몸 편안하니/그 뉘라서 누추타 하는가/내 누추타고 여기는 것은/몸과 명성 함께 스러짐이네(心安身便 孰謂之陋 吾所陋者 身名並朽)."[10]라 했음이 연상된다. 두 사람의 지향은 자

10 허균, 『성소부부고』 권14 陋室銘.

연에 사는 은자의 모습과 별반 다르지 않았다.

매창의 아름다운 영혼은 '떠돌며 밥 얻어먹는' 것과 비교되면서 더욱 격조 있는 것으로 승화된다. '평생'이라는 말이 갖는 일관된 태도와 '오로지'라는 시어가 지니는 주체적 시각은 그녀의 독실한 가치관을 뒷받침한다. 그녀가 자신의 처지를 얼마나 원망하고 한스럽게 여겼는가를 알 수 있으며 남들이 '알지 못하고' 또 '잘못 알고' 있는 데 대한 그녀의 개탄은 클 수밖에 없다. '시인(時人)'이나 '행인(行人)'과 같은 세속적인 사람들과 달리 그녀는 물질이나 대상과 비교되는 정신적 주체로서의 삶을 강렬히 바라고 있다.

비록 기생으로서의 나날을 보내면서도 매창의 순수한 성정은 갈수록 깊어갔다. 뭇 남성들이 기생 매창과 잠자리를 같이하고 싶어 했으나 매창은 흔들리지 않고 그때마다 뿌리치며 슬기롭고 용기 있게 정조를 지켰다. 매창의 「취객에게 주다(贈醉客)」라는 시가 그 대표적인 증거이다. 집요하게 따라다니며 추근대는 손님을 점잖게 타이르며 지은 이 작품에서 매창의 고요한 성품을 들여다볼 수 있다.

취한 손님이 비단 저고리 소매를 잡으니　　　　醉客執羅衫

손길 따라 그 옷소매 소리 내며 찢어지네.　　羅衫隨手裂

비단 저고리 하나쯤이야 아까울 게 없지만　　不惜一羅衫

임이 주신 은정까지도 찢어질까 두려울 뿐이네.　　但恐恩情絕

　　세상적 흐름 속에 정신을 잃은 듯 술에 취해 덤벼드는 무리들로부터 기생 매창은 자신을 지키기 위해 절규 이상의 애를 써야 했다. 저고리로 대변되는 '기생'과 은정으로 표현되는 '인간'이 맞서는 형국이 눈에 띈다. 상대를 직접적으로 상스럽게 거절하고 비난하기보다 스스로 부끄럽게 만들어버리는 반어와 풍자는 품위를 느끼기에 충분하다. 그녀의 은근한 타이름은 차고 고결한 매화의 속성을 잘 드러낸다. 능력을 갖추기도 쉬운 일은 아니지만 능력이 있음에도 겸손하기까지는 참으로 어려운 일이다. 덕은 재능의 주인이고 재능은 덕의 종이라 했다.[11] 같은 물이라도 소가 먹으면 젖이 되고 뱀이 먹으면 독이 된다. 아무리 뛰어난 인재도 덕이 없으면 뱀이 독을 먹은 것처럼 사람들을 해치게 된다.

　　그녀는 삶의 지혜를 발휘하여 무례한 인간들로부터 침해될 성적·윤리적 위기를 모면해왔다. 시화에 가장 많이

11　홍자성, 『채근담』.

등장하는 위와 같은 시에서도 매창의 '고요히 살려는 뜻'을 감지할 수 있다. 얼핏 보면 자신의 온유한 성격이나 기생 신분에 맞게 옷소매를 낚아채는 술꾼의 비위를 맞추는 듯도 하다. 그러나 세속적 무리들과 차별화하려는 강직한 기상과 단아한 행실을 발견할 수 있다. 사실 거칠게 다가오는 취객에게 손목조차 잡히지 않으려는 굳센 결기가 서려 있는 것으로 보인다. 쓰디쓴 굴욕과 혐오를 느끼고 있었을 그녀는 '비단 저고리'라는 어휘를 세 번이나 반복해가며 '비단'으로 대표되는 사물과 견주어 인간의 정신적 요소로서의 '은정'을 강조하였다. 기대하기 힘든 기생에게서 정갈한 생활을 하면서 덕성을 함양하는 사대부가 여성의 행동을 보는 듯하다.

다음과 같은 「스스로 한탄하다(自恨)」라는 시에서는 물질적 의미와 대비되는 정신적 가치를 부각시킴으로써 기생을 넘어서는 인격적 주체로서의 도리와 자신의 삶의 태도에 자부심을 보이고 있다. 인간으로서 필요한 고귀한 성품을 지녔으므로 그녀는 현실적 이해관계에 집착하지 아니하고 언제든지 초연하게 소탈함을 유지할 수 있었다.

옛사람은 금전으로 사귀다가	故人交金刀
금전으로 깨어진 이들이 너무 많아라.	金刀多敗裂
돈이 다 떨어지는 건 아깝지 않지만	不惜金刀盡
정분까지 끊어질까 그게 두려워라.	且恐交情絶

패륜 자식 전답 팔아 주색에 빠지더니	悖子賣庄土
전답은 차츰차츰 찢어져 없어졌네.	庄土漸址裂
전답뿐이라면 아까울 게 없지만	不惜一庄土
조상 제사 끊어질까 그게 두려워라.	只恐宗祀絶

끓어오르는 분노와 반감을 감춘 채 철저하게 자신의
뜻을 전하고자 하는 매창의 결기를 읽을 수 있다. '금전'이
나 '전답'이 상징하는 물질적 요소는 그녀에게 특별한 어
떤 의미도 지니기 힘들다. 무엇보다 인간이 주체가 되는 것
이 중요하기에 '정분'이나 '제사' 같은 인정과 의례를 거론
할 수밖에 없다. 사물 자체는 가치의 대상에 불과하며 가치
는 오로지 인간에 의해 결정될 뿐임을 시사한다. '얻을 것이
있으면 옳은지 생각해보라(見得思義)'[12]는 말이 있듯이 인간
을 윤리적 주체로 파악하려는 그녀의 예리한 시각이 엿보이

12　공자, 『논어』 자장편.

는 시이다. 물질과 향락에 탐닉하는 세상 사람들의 몰염치한 행위를 배척하며 정신적 덕목을 드높이고자 하는 매창의 의도를 직감하게 된다.

그녀의 시 속에 등장하는 소재들은 한결같이 기생을 부정하고 싶어 하는 매창 자신의 입지를 대신했다. 매화를 비롯한 국화, 연꽃, 소나무, 대나무, 버들 등의 식물은 물론 학, 난새, 소 등의 동물은 소탈한 인격을 중시하는 의식의 소산이었다. 거문고, 요금, 요쟁, 오현, 녹기, 생, 소, 슬 등의 악기와, 풍경(風磬), 박옥(璞玉) 등도 그녀의 청정한 인격적 가치관과 결부된다. 달, 별, 비, 구름, 하늘, 바람 등 하늘과 관련된 천체어의 사용도 예사롭지 않다.

흔히 기생은 금수, 여우, 말 등으로도 불렸으며 또한 노류장화, 화초기생 등으로도 불렸다. 심지어 관물, 공물, 요물, 요강 등으로 불리기까지 했다. 이렇듯 기생이 물건 취급을 받거나 짐승 또는 화초 등에 비견되는 등 인격적 주체가 아닌 사물화의 대상이 되기 쉬웠던 사회적 경향은 그녀의 경우와 더욱 대조를 이루게 된다. 특히 기생이 사대부들의 노리갯감으로 인식되거나 정숙하고 품위 있는 양가집 여자와 차별화되던 상황을 감안하면 인간답게 살고자 했던 매창의 집요함은 더욱 부각된다.

매창은 자신이 기생임을 인정하고 싶지 않았을 뿐만 아니라 한 번도 자신이 기생이라고 생각한 적이 없다. 그렇다고 기생이 아닌 것은 아니면서도 마음속 깊이 자신이 기생임을 거부한 것이다. 왜 자신이 기생이 되어야 했는지 생각할수록 속상하고 남들이 자신을 기생으로 상대하는 것이 몹시 못마땅하고 불쾌하였다. 물론 그럴수록 현실은 힘들어지고 앞으로 나아가지도 못할 만큼 자신에게 기생 신분은 멍에요 굴레일 뿐이었다.

이와 같이 매창이 기생이라는 자기의 처지를 철저하게 부정했던 것은 황진이가 기생이라는 현실을 과감히 받아들이고 힘차게 미래를 향해 정진해 나갈 수 있었던 것과도 큰 차이를 보인다.

7
삶은 고난일 뿐이다

매창의 온순하고 따뜻한 성품 속에는 끝내 버릴 수 없는 꼿꼿한 자의식이 버티고 있었다. 오히려 그녀는 기생이라는 현실적 처지를 망각하고 자기의 심리적 위상을 부각시키는 적극적인 자세를 취하곤 했다. 그러나 높이 날아오르려 하면 할수록 잡아당기는 힘도 거세기 마련이다. 그토록 자존감이 강력했기 때문에 현실과 더 부딪쳤고 좌절감을 크게 맛봐야 했다. 매창에게 삶이란 고난일 뿐이었다. 그리하여 기회만 되면 매창은 그리움, 외로움, 괴로움, 애달픔 등을 쏟아냈다. 그녀는 수없이 세상살이의 어려움을 고백하고 삶의 고통을 절규하다시피 하였다.

매창은 어린 마음에 시골을 벗어난 한양 생활이 마냥 즐겁고 화려할 줄 알았을 것이다. 그러나 시간이 지나며 금방 깨닫게 되었다. 한양에서의 3년을 회상하며 그녀는 외로움과 허무함에 싸여 원한을 토로해야 했다. 「홀로 아파하다(自傷)」 4수 가운데 첫수를 보자.

한양에서 보낸 3년 꿈만 같은데	京洛三年夢
호남에서 또다시 봄을 맞이하네.	湖南又一春
금전이면 옛 정도 옮겨 가는가	黃金移古意
한밤중 나 혼자서 마음만 상해라.	中夜獨傷心

그녀에게는 남들보다 커다란 꿈이 있었고 세상의 본질을 꿰뚫어 보는 예리한 판단이 있었다. 그러나 오히려 그와 같은 청초한 이상과 강직한 신념 때문에 힘들게 살아야 했다. 사회가 짜놓은 최하위의 계층과 부드러운 감성의 여성이라는 사실은 사고와 판단의 자유를 허용하지 않았다. 그녀 앞에 놓인 현실은 너무나 완강하고 고착적이어서 그녀를 무력하게 했다. 매창은 현실의 어려움을 참고 넘어서기에는 참으로 순수하고 연약한 인간이었다. 그녀가 많은 시를 통해 임과 헤어진 슬픔, 아니 세상에 대한 탄식을 줄줄이 풀어

내는 것도 이 때문이다. 정녕 그녀의 고통과 실망은 강력한 자존감과 자의식에서 비롯되었다. 그녀를 가로막고 있는 '금전'으로 대표되는 혼탁한 현실의 벽은 너무나 두터웠다.

매창은 세상과 소통할 수 없는 현실적 비애, 임과 함께 지내지 못하는 상실감을 아래와 같이 말하기도 했다. 「규방에서 원망하다(閨怨)」의 첫 연과 마지막 연만 보도록 하자.

이별이 너무 서러워 중문 걸고 들어앉았으니	離懷消消掩中門
비단 옷소매엔 향기 없고 눈물 흔적뿐이네.	羅袖無香滴淚痕
…(중략)…	
저의 고통스러운 마음 알고 싶거든	欲知是妾相思苦
금가락지 헐거워진 손가락 보세요.	須試金環減舊圓

위 시에서 알 수 있듯이 흐르는 세월과 함께 임과의 사랑도 가버리고 만다. 매창은 말할 수 없이 임을 그리워하며 홀로 외로워해야 했다. 참아내기 힘든 그리움과 외로움에 몸도 야위어갔다. 그런데 임과 헤어지는 이유가 다름 아닌 허구적 가치와 물질적 요소 때문이다. '비단옷'과 '금가락지'가 상징하는 외양과 물질의 만연에 그녀의 속이 타들어간다. 불평과 증오가 일어나고 자존심이 상한 그녀는 더럽

고 추악한 세상을 저주하면서 고통 속에 지내야 했다. 무엇보다 '사물'과 '인간'을 대비시키고, '남'과 '나'를 차별화하는 데서 그녀의 인간 존재에 대한 문제의식을 엿보게 된다. 그녀에게는 사람답게 살고 싶은 순수한 열망이 있었으나 세상은 별 관심도 없고 그녀를 알아주지도 않았다. 인간의 실존적 현실은 철저하게 위선적이고 세속적이었다.

인간의 현실은 우리가 상상하는 것 이상으로 냉혹하며 엄중하다. 강남 갔던 제비는 돌아왔건만 매창 자신의 처지는 변함없이 그대로이다. 「홀로 아파하다(自傷)」의 마지막 수를 보자.

달콤한 꿈꾸다가 놀라 깨고는	驚覺夢邯鄲
살아가기 어려움 나직이 읊어보네.	沉吟行路難
우리 집 들보 위의 제비들은	我家樑上燕
주인에게 돌아왔다고 지저귀네.	應喚主人還

매창은 뛰어난 재능과 높은 이상이 있어도 자신의 뜻을 오롯이 펼 수 없는 현실에 대한 울불과 상처를 떨쳐버리지 못했다. 행복한 삶을 꿈속에서나 상상하며 나이 들어가는 매창의 모습이 애처롭기만 하다. 꿈은 꿈일 뿐이기에 깨고 난

현실은 허망하기 그지없다. 그녀는 의좋게 지내는 봄날을 맞은 제비와 외롭고 쓸쓸한 자신을 견주면서 더 큰 비애를 느껴야 했다. 그러기에 '살아가기 어려움', 즉 '행로난(行路難)'이 저절로 터져 나오는 것이다. '행로난'은 물론 임과의 이별에서 시작된 것이라 할 수 있지만 시간이 지나면서 고통은 '인간'의 너비로 '인생'의 무게로 바뀌었을 것이다.

한나라의 민요에서 비롯되어 당나라 시인 이백(701∼762)에 의해 더욱 유명해졌던 인생살이의 어려움을 말하는 '행로난'은 봉건적 가부장제에서 오는 여성적 질곡을 한탄하는 시어의 전형으로 등장되곤 했다. 「스스로 한탄하다(自恨)」, 「스스로 박명을 한탄하다(自恨薄命)」 등 그녀의 여러 작품 속에서 빈번히 '행로난'이 언급되는 것도 인생을 대하는 그녀의 본질적인 시각을 뒷받침하는 근거가 된다. 「병이 들다(病中)」라는 자신의 심경을 토로하는 시에는 세상에 대한 불만, 인간에 대한 혐오가 잘 나타난다.

봄 때문에 걸린 병이 아니라	不是傷春病
단지 임 그리워 아픈 것이라오.	只因憶玉郎
티끌 덮인 이 세상엔 괴로움도 많지만	塵寰多苦累
외로운 학이 되어 돌아갈 수도 없어라.	孤鶴未歸情

물론 부안현감을 지냈던 심광세의 갈등이나 고독을 위로하기 위해 지은 작품으로도 볼 수 있다. 그러나 격정적으로 임을 원망하는 매창의 마음을 읽을 수 있다. 구구절절 그리움, 괴로움, 외로움이 넘쳐나고 있는 병든 자아의 절규다. 그런데 자신이 병든 직접적인 원인은 임과 만나지 못하는 데 있을지 모르지만, 더욱 견디기 힘들게 하는 근원적인 이유이자 중병에 이르도록 하는 것은 '티끌 덮인 세상', 즉 혼탁한 인간사회이다. 그녀가 지은 「부여 백마강에서 놀다(遊扶餘白馬江)」라는 시의 일부인 "누가 서울은 변화 많다고 했나요/나 인간사 듣길 원치 않아요(誰云洛下時多變 我願人間事不聞)."와 같은 구절도 의미하는 바가 크다.

매창이 처한 부정적 상황은 위와 같이 슬픔, 아픔, 그리움, 외로움으로 표현되었다. 매창이 인간 세상에서 오죽 견디기 힘들었으면 다음과 같은 마음을 토로했을까. 죽기 직전까지 매창은 거짓과 불의가 넘치는 비인간적 외부세계와 단절하고 싶은 심정이었을 것이다.

잘못은 없다지만 헛소문 도니　　　　　誤被浮虛說
여러 사람 입들이 무섭기만 해라.　　　還爲衆口喧

시름과 한스러움 날로 그지없으니　　　　　空將愁與恨
병을 핑계삼아 사립문 닫아걸리라.　　　　抱病掩柴門

　위 시도 「병이 들다(病中)」라는 작품으로서 그녀가 걸린 병의 원인은 다른 데 있지 않다. 기생의 주변에는 늘 사람들이 들끓기 마련이요, 병이 생기고 악화되는 이유가 '사람들'에 있음이 확실해진다. '허튼 소리(浮虛說)', '쓸데없는 수다(衆口喧)'와 같이 말만 많은 경박한 인간세상이 그녀에게는 더없이 혐오스럽고 괴로웠을 것이다. 이 시는 아마도 부안현감을 지낸 윤선의 선정비 앞에서 매창이 노래를 부른 사소한 일이 호사가들에 의해 비화되었던 사건에서 비롯되었을 것이다.

　그녀의 시에서 자아와 상대되는 인물이 임으로 국한되지 않고 '인간'으로 확장됨이 특색인데, 이것은 매창이 겪는 고통의 성격이 신뢰를 주지 못하는 세상을 향하고 있음을 반증한다. 공자가 가장 믿었다는 제자 안연(BC 521~?)이 나라 다스리는 법에 대해 묻자 공자가 "말재주 있는 사람을 멀리하라. 그는 위태롭다."(위령공편)고 했으며, 사마우가 인(仁)에 대해 묻자 공자가 "어눌하게 말하는 것, 즉 함부로 말하지 않는 것이라."(안연편)고 했던 『논어』를 매창은 탐독하며 살았던 듯하다. 신뢰 즉 믿음의 관건이 언어 특히 말임은 두말할 나위 없다.

시 전반에 쓰이는 소재가 대부분 침울한 느낌을 주는 것도 세상과 대립되는 매창의 생애가 불우했기 때문이다. 계절만 하더라도 겨울은 보이지도 않는 데다, 세 계절이 모두 서정적 자아의 슬픔을 돋우는 양상이다. '봄에 꽃이 진다'라든가 '봄바람에 운다' 등의 시구가 많은 것도 예사롭지 않다.[1] 임이 등장하지 않는 많은 작품에서도 애조의 분위기를 띰은 예외가 아니다. 전라도 관찰사 한준겸의 수연을 축하하는 자리에서 읊은 시 「한순상이 생일잔치에 지은 시에 차운하다(伏次韓巡相壽宴時韻)」에서조차 "푸른 풀잎에도 시름이 쌓였고/지다 남은 꽃잎에는 원한이 맺혔어라(愁仍芳草綠 恨結落紅殘)."라고 말하고 있다. 다음 장에 이야기되는 '자유의 갈망'에 관한 시는 물론 예외이나, 주로 자연을 대상으로 한 시들에서도 자연을 즐거이 관조하기보다 주관적으로 슬프게 표현하고 있다는 점에서는 그녀 시의 존재론적 성격을

---

1   「春怨」, 「春思」, 「春愁」, 「彈琴」 등.

강화한다.

앞 「병이 들다(病中)」의 시에서 '고요히' 사는 것이 자신의 뜻이라고 했던 매창의 실망과 '매화나 백운'처럼 살고 싶던 그녀의 자존감이 무너지는 고통을 느낄 수 있다. 사실·사건 등의 대상과 임이나 타인에 맞서는 주체적 자아의 고뇌는 자폐증 환자의 모습으로 나타난다. 세상에 대한 불만이 커지고 현실에서 소외될수록 그녀는 자유가 그리웠을 것이다. 「시름에 젖다(記懷)」라는 시를 보면 더욱 그러하다

눈보라 어수선히 매창을 두드려서	梅窓風雪共蕭蕭
한과 시름이 이 밤 따라 더해라.	暗恨幽愁倍此宵
신선세계 달빛 아래에 다시 태어난다면	他世緱山明月下
봉황 타고 퉁소 불며 만나보리라.	鳳簫相訪彩雲衢

매창은 '다시 태어나고' 싶을 만큼 고통스런 현실을 벗어나 평화롭고 아름다운 삶을 살고 싶어 했다. '타세'라는 신선의 세계를 간절히 동경하는 모습을 보면서 매창이 얼마나 슬픔과 회한에 시달리고 살았는지를 충분히 가늠할 수 있다. 악화되는 상황과 가혹한 환경이 오히려 새로운 세상을 꿈꾸도록 그녀의 마음을 부추겼음을 쉽게 알 수 있다.

8
자유를 갈망하다

    골이 깊으면 뫼가 높듯이 매창은 현실의 고통을 뼈아프게 겪으면서 강렬하게 자유를 갈망했다. 꿈의 크기가 삶의 크기라고 하는 만큼 주어진 현실에 도저히 만족할 수 없었던 그녀는 진지하게 큰 꿈을 꾸었을 것이다. 이수광의 말에 따르면 매창은 죽을 때 무덤에 가지고 갈 정도로 거문고를 좋아했다. 거문고는 잠시라도 그녀로 하여금 고통을 잊게 하는 유효한 도구였다. 다음은 매창이 남긴 한시 가운데서 「옛일을 생각하다(憶昔)」라는 작품이다.

    임이 유배되어 내려온 것은 임인 계묘년   謫下當時壬癸辰

이 몸의 시름과 한을 뉘와 더불어 풀었던가.　此生愁恨與誰伸
홀로 거문고 끼고 고란곡을 뜯으면서　　　瑤琴獨彈孤鸞曲
슬픈 마음으로 선계에 계실 그대를 그려보네　悵望三淸憶玉人

이를 보더라도 그녀가 얼마나 거문고를 아꼈으며 거문고 연주에 능했는지를 알 수 있다. 매창은 유희경을 독실하게 사랑한 바 있고, 몇 년 이귀와 정을 나누었으며, 허균과는 10여 년간 정신적으로 교감했는데 그 만남 속엔 늘 거문고가 있었다. 그 뒤로 매창은 윤선을 만나게 되었다. 부안현 감이던 윤선이 한양으로 떠난 다음 고을 사람들이 그를 위해 추모비를 새웠는데, 매창은 달밤에 그 비석 앞에서 거문고를 타며 〈자고사〉라는 노래를 불러 그리움을 달랬다. 매창은 항상 고독과 고통을 안고 살았기 때문에 이처럼 거문고가 그녀 가까이서 시름을 달래주었던 듯하다. 그리하여 그녀가 마음의 상처와 육신의 질병에 시달리다 끝내 죽게 되었을 때도 그 거문고가 함께 묻힐 수 있었다. 모두 다 매창을 등지고 떠난 뒤에도 거문고만이 남아 그녀의 곁을 지켜주었다.

부안의 서림공원 한구석에는 지금도 매창이 생전에 즐겨 거문고를 연주했다는 바위인 '금대(琴臺)'가 남아 있다.

매창은 이곳에서 사랑하는 임과 이별한 후 현실의 삶이 허망함을 거문고로 달래면서 노래를 했다고 전해진다. 부안의 매창공원에는 매창이 지은 「거문고를 타다(彈琴)」라는 시를 돌에 새겨놓았다.

몇 해 동안이나 비바람 소리를 내었던가	幾歲鳴風雨
여지껏 지녀온 작은 거문고.	今來一短琴
외로운 난새의 노래는 뜯지를 말자더니	莫彈孤鸞曲
끝내 백두음 가락을 스스로 지어서 타네	終作白頭吟

그녀는 거문고 연주와 함께 신선이 되어 하늘을 날 수 있다고 생각했던 듯하다. 「헤어지면서 드리다(贈別)」에서 세상과 대립하는 그녀는 자신이 옛날 진나라의 쟁에 해당하는 거문고를 가지고 있어 주나라 영왕의 태자인 진의 생황에 화답할 것이라 했다. 매력적인 생황을 잘 불어 봉황의 울음소리까지 내었던 태자 진은 선인을 만나 흰 학을 타고 신선이 되어 하늘에 올랐다고 한다. 그녀에게 거문고는 현실 탈출의 통로이자 자유 세계에 도달코자 하는 분신과 같은 존재였다.

매창에게 현실을 위로하고 희망을 불어 넣는 것은 거

문고만이 아니었다. 허균은 기꺼이 매창과 "온종일 술을 마시며 서로 시를 주고받았다."[1]라고 말한 적이 있다. 뭇 남성들이 매창에게 매료되어 "술 한잔하고 잠자리를 같이하기를 갈망하였다."라거나 매창은 "어디서 온 풍류객인지 술병을 들고 날 찾아온다."라고 했다. 매창이 지은「취한 손님에게 주다(贈醉客)」라는 시를 보더라도 매창과 술은 떨어질 수 없는 관계다. 매창은「봄날에 근심 일다(春愁)」에서 "지난해 오늘 저녁은 즐겁기만 해서/술상 앞에서 이 몸은 춤까지 추었지(曾年此夕瑤池會 我是樽前歌舞人)."라고도 했다.

매창은 "술단지 속의 세월은 차고 기울지 않지만/속세의 청춘은 젊은 시절도 잠시일세(壺中歲月無盈缺 塵世靑春負少年)."(「친구에게 주다(贈友人)」)라고 하고 "술잔 앞에 놓고 한 번 취하길 사양하지 마소/저 귀공자들도 풀숲 무덤 속에 있다오(莫向樽前辭一醉 信陵豪貴草中墳)."(「부여 백마강에서 놀다(遊夫餘白馬江)」)"라고 했듯이 술은 현실 위안은 물론 자신의 앞날을 희망적으로 바라볼 수 있게 하는 도구였다. 술이 있는 세상은 속세와 달리 평화롭고 자유로운 곳이었다. 말

1   허균, 『성소부부고』 권18「조관기행」.

년에 허균의 권유를 받아들여 그녀가 도교 사상에 가까워지는 것도 술과의 인연에서 크게 멀지 않다. 그녀는 마침내 신선세계에 올라 "술병을 놓고 서로 만난 곳에/봄바람 건듯 불어 물색이 화려해라(樽酒相逢處 東風物色華)", "술잔을 연달아 주고받다가/날이 밝으면 이 몸은 하늘로 돌아가리라(臨盃還脈脈 明日各天涯)."(「신선 되어 놀다(仙遊)」)라고 하였다.

이와 같이 매창은 술을 수단으로 허망한 현실에서 방황하거나 집착하지 않고 새로운 초월적 선계를 동경하고 지향하는 태도를 분명하게 보여주었다. 자유로운 풍류인이자 탁월한 예술가였던 매창은 술잔을 마음껏 기울이며 거문고를 끼고 시를 읊으면서 순수를 즐겼을 것이다.

무엇보다 매창에게서 시야말로 슬픔과 고통에서 일궈낸 귀한 산물이었다. 매창은 시를 통해서 꿈과 자유를 마음껏 구가할 수 있었다. 매창은 남달리 시적 상상력이 풍부하여 그녀가 읊은 시가 수백 편이나 되었다.[2] 비록 흩어지고 사라졌지만 그녀의 시들이 한 권의 시집으로 간행될 수 있었음은 그녀가 지닌 시인으로서의 위상을 대변하는 것이기

2   이매창, 『매창집』, 정사신, 「매창집 발문」.

도 하다. 특히 순결하고 아름다운 세상을 염원하며 고달프게 살아가는 그녀에게 시는 안식처요 바로 천국이었다.

19세기 '삼호정시사'와 같은 불우한 여성들의 시모임에도 매창은 크게 영향을 미쳤을 것이다. 그녀들은 재주가 뛰어난 시인들이었으나 신분적 열세로 기생이 되거나 사대부의 소실이 되었다. 여자로 태어나고 한미한 집안의 출신인 것을 탄식하던 김금원(1817~1850년 이후)은 14세에 남장을 하고 금강산 유람을 한 뒤 기생업을 접고 김덕희(1800~?)의 첩이 되어[3] 용산에 있는 별장 삼호정에서 지냈다. 이때 김금원은 기생 시절 어울리던 운초, 고향 친구인 죽서, 이웃에 사는 경산 등을 불러 함께 즐겼다. 기생의 삶을 청산하고 50세 이상 연상인 김이양의 첩이 되어 여생을 보냈던 운초의 시재는 어려서부터 중국의 유명한 여류시인들과 비교되었고, 현재 한시 350여 편이 전한다. 박죽서(1819?~1852?)는 서기보의 소실이었는데 병약하여 서른을 갓 넘기고 요절하면서도 166편의 한시를 남겼다.

---

3   김금원은 원주 사람으로 14세 이후 기생이 되었다가 뒤에 선비 김덕희의 소실이 되었다.

매창은 일반 여성들과 달리 기생이기에 제도적으로 마음 놓고 향락적이며 음란한 생활을 할 수도 있었다. 그러나 그녀는 여성이자 기생이라는 신분적 한계를 극도로 못마땅해하였다. 그러므로 매창은 힘들고 답답할 때마다 절을 찾아 마음을 식히거나 신선과 자신을 동일시해보기도 했고, 때로는 그네를 타고 창공을 가르며 새가 되어 하늘 높이 날고 싶기도 했을 것이다. 자유를 그리워하는 그녀의 심정은 시로써 유감없이 표출되었다. 3수로 된 「신선 되어 놀다」를 보면 자유를 갈망하는 그녀의 마음을 쉽게 이해할 수 있다. 그 둘째 수를 보자.

삼신산 신선들이 노니는 곳엔	三山仙鏡裡
푸르른 숲속에 절간이 있어라.	蘭若翠微中
구름에 잠긴 나무에선 학이 울고	鶴唳雲深樹
눈 덮인 봉우리에선 잔나비도 울어라.	猿啼雪壓峰
자욱한 안개 속에 새벽달이 희미하고	霞光迷曉月
상서로운 기운은 하늘 가득 어리었으니	瑞氣映盤空
속세를 등진 이 젊은 나그네가	世外靑牛客
적송자(신선)를 찾아간들 무슨 흠 되리.	何妨禮赤松

고단하게 살고 있는 매창이 가고 싶어 하는 곳이 어디

인지 분명히 드러난다. '깊은 산'속의 '푸른 숲'이 그녀가 쉴 수 있는 푸근한 곳이다. '구름에 잠긴 나무'나 '눈 덮인 산'도 그녀가 추구하는 이상향이다. 나무숲에 깃든 신선 같은 '학'은 늘 자신이 좋아하는 분신 같은 존재다. 여기서 등장하는 '학'은 다른 시에서와 달리 갇히거나 외로운 학이 아니라는 데 주목하게 된다. 그만큼 자유를 만끽하고자 하는 활달한 감각과 색채가 주조를 이루는 시이다. 현실에서 분주하게 살다 잠시 방황을 멈추고 안정을 찾은 그녀의 즐겁고 여유로운 마음은 어느새 '새벽달'이나 '상서로운 기운'이 빛을 발하는 곳에 닿아 있다. 마지막 시구에서처럼 매창이 속세를 떠나고자 신선을 찾아 인사를 하는 것도 당연하다. 제3수에 가면 앞에서와 같이 "술잔을 연달아 주고받다가/날이 밝으면 이 몸은 하늘로 돌아가리라(臨盃還脈脈 明日各天涯)"라고 하여 좀 더 자신의 의도를 명확히 드러낸다.

매창은 시간이 될 때마다 산사를 자주 찾았으며, 말년(1608)에는 허균의 영향을 받아 참선도 시작했다.[4] 이와 관련된 시만 하더라도 「천층암에 오르다(登千層菴)」, 「월명암

---

4   허균, 『성소부부고』 권21, 척독 하.

에 오르다(登月明庵)」, 「어수대에 오르다(登御水臺)」 등 매우
많다. 이 중 「천층암에 오르다」를 보자.

천길 절벽 위에 그윽이 천년사찰 서 있어   千層隱佇千年寺
상서로운 구름 속으로 돌길이 났어라.   瑞氣祥雲石逕生
맑은 풍경 소리 내려앉고 별빛 달빛만 밝은데   淸磬響沉星月白
온 산에 단풍이 들어 가을 소리 요란해라.   萬山楓葉鬧秋聲

허균의 요구에 따라 지었을 것으로 보는 이 시엔 현실
을 벗어나서 산과 하늘로 향하는 경쾌한 마음이 잘 드러난
다. 여러 층 쌓인 바위 위의 절, 즉 깊은 산속의 사찰은 가
을의 단풍을 품고 청아한 풍경(風磬) 소리를 은근히 뽐낸다.
산사가 상서로운 구름, 그리고 별빛과 달빛에 더욱 그윽하
기만 하다. 제3구는 불행한 처지 속에서 자유를 갈망했던
허난설헌(1563~1589)의 「유선사」에 들어있는 표현과 같다.
별, 달, 구름 모두가 동경의 대상이자 자기의 분신일 수 있
다. 고요와 청정을 좋아하던 그녀의 바람과 어울리는 이데
아의 경지가 연출되고 있다. 「월명암에 오르다(登月明庵)」에
서도 속세를 떠나고자 하는 그녀의 낭만적 염원을 쉽게 확
인할 수 있다. 이른 아침 떠오르는 해와 골마다 자욱한 구름

과 안개가 어우러진 비경을 만나게 되는 천년고찰 월명암은 자유를 소망하는 그녀의 심사를 적절히 받아낸다. 월명암에 올라가 하늘과 가까워지자 그녀는 이제 신선술을 익혀 하늘에 오르고 싶었을 것이다. 도교 경전인『황정경』을 독파하고 신선이 사는 동천에서 새로운 삶의 기쁨을 구가하기도 했다. 불교와 도교의 이미지가 물씬 풍기는 이런 시들에서 자유분방한 허균의 영향을 느끼는 것은 자연스럽다.

「시름에 젖다(記懷)」,「임을 찾다(尋眞)」,「그네를 타다(鞦韆)」,「강가 누각에서 바로 적다(江臺卽事)」,「용안대에 오르다(登龍安臺)」,「친구에게 주다(贈友人)」,「화가에게 주다(贈畵人)」 등과 같이 자유를 형상화한 그녀의 시들은 헤아리기 어려울 만큼 많다. 낭만적 흥취를 한껏 풍기는「그네를 타다(鞦韆)」라는 작품을 보도록 하자.

아름다운 두 여인 선녀런가 사람이런가　　　兩兩佳人學半仙
푸른 버들 그늘 밑에서 다투어 그네 뛰네.　　綠楊陰裡競鞦韆
허리에 찬 노리개 소리는 구름 너머까지 들려서　佩環遙響浮雲外
마치 용을 타고서 푸른 하늘에 오르는 듯해라.　却訝乘龍上碧天

이쯤 되면 자유의 심상을 넘어 도교적 분위기에 휩싸

이게 된다. 그녀를 두고 남들이 선녀라 말하기도 했지만, 이미 그녀는 땅 위에 사는 인간이 아니라 구름 너머 하늘에서 노니는 신선이 되어 있다. 허공을 가르며 그네를 뛰는 여인은 당연히 매창이요, 특히 희망의 이미지를 내포한 푸른 버들도 매창 자신일 수 있다. 버들을 매창으로 인식케 하는 시적 증거로는「장난삼아 계랑에게 주다(戲贈癸娘)」,「임을 찾다(尋眞)」,「스스로 탄식하다(自恨)」,「신선 되어 놀다(仙遊)」,「배를 띄우다(泛舟)」 등 얼마든지 있다.

위 시를 보면 허난설헌의「그네를 타다(鞦韆詞)」와 흡사한 느낌이 든다. 허난설헌의 경우 혼인 초부터 불어닥친 남편과의 불화, 고부간의 갈등, 자녀들의 죽음, 친정 식구들의 연속되는 불행 등이 가슴에 쌓이면서 그녀의 삶을 피폐하게 만들었다. 그녀의 천부적인 자유로운 정신과 개방적인 의식에 부딪치는 반현실적 정서는 증폭되었고 마침내 그러한 불운과 고독 등에서 유로되는 자유지향의 풍부한 상상력은 시로 승화되었다.

지금까지의 매창 시 속에 흔히 등장하는 '외로운' 학이나 '슬픈' 난새의 모습은 찾아볼 수 없다. 오히려 하늘로 비상하는 장엄한 용의 모습이 부상될 뿐이다. 매창은 남달리 자아 의식이 강하고 현실에 안주할 수 없는 꿈의 소유자였다. 자존과 자유의 심성을 타고난 그녀의 기질에 시, 술, 거문고 등은 그녀를 더욱 뛰어난 풍류적 인물로 만들었다.

9
비운에 빠지다

매창은 인간 본연의 순수한 서정을 아름답게 승화할 수 있는 시인으로서 손색이 없었다. 그러나 매창은 늘 기생이었고 그 질곡의 아픔은 그녀에게서 사라지지 않았다. 모든 것을 훌훌 털고 떠나고자 해도 결국은 다시 현실로 돌아오고 마는 자신을 발견하게 되었을 때 그녀는 극도로 외롭고 슬펐다. 매창은 「가을밤을 읊다(秋夜)」라는 시를 통해 자신의 처지를 적절하게 표출했다. "매화 가지에 걸렸던 달이 난간까지 오도록/거문고로 달랜다지만 잠은 오지를 않아라(梅梢淡月移欄檻 彈罷瑤箏眠未眠)." 달빛 아래서 거문고를 끼고 탈속의 여유를 즐기고자 하나 매창은 고독의 정한을 다

풀 수 없었다.

　자신을 알아주지 않는 세상을 향해 매창은 다시「거문
고를 타다(彈琴)」라는 시를 지어 탄식했다. "거문고로 속마
음을 하소연해도 누가 가엾게 여기랴/천만 가지 원망과 시
름을 이 곡조에 담았는데/거듭 타는 강남곡에 봄도 저물어
가고/고개 돌려 봄바람 맞으면서 우는 짓은 차마 할 수 없네
(誰憐綠綺訴丹衷 萬恨千愁一曲中 重奏江南春欲暮 不堪回首泣
東風)." 속이 타는 듯한 서러움과 근심을 해소하기 위한 거
문고 연주도 소용이 없다. 희망과 기대를 담은 봄날마저 가
고 마는 상황에 눈물만이 흐를 뿐이다. 매창은 자유를 향한
욕구가 강해질수록 실망과 한계를 느끼지 않을 수 없었다.
이 시를 듣고 권필이 마음을 아파하며 답시를 썼다고 전하
기도 한다.

　매창의 자존심을 상하게 하고 꿈을 깨는 것은 임의 부
재만이 아니라 비인간적 사회였고 이러한 아픔은 그녀의 자
유에 대한 열망을 강화시켰다. 하지만 진정 자유로울 수 없
는 처지로 인해 매창은 비탄의 늪에 이르고 만다. "눈보라
어수선히 매창을 두드려서/그리움과 시름이 이 밤 따라 더
해라(梅窓風雪共蕭蕭 暗恨幽愁倍此宵)"(「시름에 젖다(記懷)」)라

고 통곡할 만큼 그녀는 늘 허전할 수밖에 없었다. 거친 눈보라가 매화꽃이 피는 것을 방해하고 높이 쌓인 눈더미가 임과의 만남을 가로막는 정황의 연속이었다. 일찍이 매창의 시를 소개하는 가운데 "자기의 신분과 아울러 인간적 굴레를 벗어나기를 희원했다."[1]라고 말한 것도 적절한 지적이다. 이와 같이 성적 계급적 올가미는 자아의 구원과 이상의 추구에 이르는 난관으로 작용했다.

「마음속을 그려 보이다(寫懷)」라는 작품의 전반부는 매창의 자유 소망의 꿈이 실현되기 어려운 허망한 것임을 입증하는 의미 있는 예가 된다.

무릉도원 신선과 약속을 맺었는데	結約桃源洞裡仙
이처럼 처량해질 줄 어찌 알았나.	豈知今日事凄然
그윽한 생각을 거문고 가락에 실으니	幽懷暗恨五絃曲
온갖 시름 모여서 시 한 편을 이루네.	萬意千思賦一篇

그녀의 자유 지향의 갈구와 노력이 좌절에 빠짐을 간

---

1   윤영옥, 「기녀시조의 고찰」, 『시조의 이해』, 영남대학교 출판부, 1986, 500쪽.

명하게 보여준다. 신선과의 약속, 자유 세계의 동경이 결렬되고 그 처연함이 시가 되었다는 것이다. 작품 후반부에서 "이 세상 옳고 그름 괴로움도 많아/규방의 하룻밤이 일 년 같구나(塵世是非多苦海 深閨永夜苦如年)."라고 했듯이 그녀는 인간사회의 불의에 분노했고, 괴로움에 지쳐서 선경 같은 자유 세계의 진입을 갈망했으나 감당할 수 없는 인생의 고난 앞에 침통한 분위기에 젖어 자학하고 말았다. 끊임없이 자기를 괴롭히는 것은 타고난 인간 존재의 결핍과 모순일 것이다. 그녀는 인간으로서 외로웠고 여성이기에 외로웠으며 기생이었기에 더욱 외로웠다.

시간은 흘러가버리지 않고 우리의 몸과 마음속에 깊이 고여 있다. 더구나 야속하게도 부정적인 과거일수록 잊혀지지 않는다. 매창의 고독과 통한이 특정한 시기와 상황을 넘어 원천적인 것이었음은 「스스로 한탄하다(自恨)」라는 시를 통해서도 잘 드러난다.

봄기운 차가워 핫옷 기울 때   春冷補寒衣
비단 창에 햇빛이 비치어 드네.   紗窓日照時
얼굴 숙여 바느질 손 놀리노라니   低頭信手處

구슬 같은 눈물 바늘 실을 적시네.　　　　珠淚滴針絲

　　그녀의 시 가운데 특별히 생활적 정취가 풍기는 작품으로서 고요한 방 안에서 바느질하는 여성으로서의 연민이 짙게 묻어난다. 폐쇄된 공간에서 감내해야 하는 여성적 존재의 소외감이 여실히 표출되고 있다. 자존 의식이 강했던 여성이었기에 그 상념의 폭은 더욱 컸을 것이다. 고독을 벗어나고자 안간힘을 쓸 때 오히려 더욱 고독에 빠지는 인생의 모순을 드러내는 듯하다.

　　매창의 삶은 되돌아보면 팍팍하기 그지없는 것이었다. 아무리 몸부림을 쳐봐도 현실의 고통을 떠날 수 없었으며, 사실 자유를 쟁취하고 향유해 나갈 만한 강력한 의지도 부족했다. 다만 깨끗하고 조용하게 살고 싶은 마음만 간절할 뿐이었다. 「스스로 박명함을 탄식하다(自恨薄命)」를 보자.

사람들 낚시질 좋아하나 나는 거문고를 타는데　　舉世好竿我操瑟
인생길 가기 어려움을 오늘에야 알겠노라.　　此日方知行路難
발 잘리고 세 번 치욕 겪고도 임자 만나지 못해　　刖足三斲猶未遇
아직도 옥덩이를 붙안고 형산에서 우노라.　　還將璞玉泣荊山

'세상'과 '자아'의 대치가 축을 이루면서 매창의 기구한 운명이 압축적으로 드러나고 있다. 남들과 달리 매창은 욕심 없이 거문고나 타면서 한가로이 살고자 했다. 그러나 그러한 생각이 부질없는 것임을 통감하게 된다. 뜻에 맞지 않아 힘들게 살고 있는 자기에게 오히려 세상은 고통을 가하기까지 한다. 매창은 '옥'과 같은 자신을 몰라주는 현실이 너무나 속상했다. 아무리 목표를 세우고 바르게 살려고 해도 운명을 바꾸지는 못했다.

　　위 작품에 인용된 화씨옥 이야기[2]는 초나라 변화(卞和)라는 어진 사람이 포악한 여왕(厲王)에게 왼쪽 발이 잘리고 무왕에게 오른쪽 발마저 잘린 후 문왕 앞에서 울며 "저는 발 잘린 것을 슬퍼하는 게 아니라 옥에다 돌이라고 이름 붙여준 것을 슬퍼합니다. 곧은 선비를 거짓말쟁이라고 하는 것이 바로 제가 슬퍼하는 까닭입니다."라고 했던 고사다. 초나라 형산(荊山)의 옥은 세계적인 명물이다. 진나라가 이 구슬을 얻기 위해 15개의 성과 바꾸자고 했으나 초나라가 거절했다는 것이다.

2　한비, 『한비자』 제13편 화씨.

자유와 순수를 지향하는 그녀의 맑은 정신은 세속적인 '낚시질'이나 '돌덩이' 같은 것과 비교되어 돋보인다. 위 시에서도 언급되는 삶의 어려움, 즉 '행로난(行路難)'은 그녀가 살아 있는 한 따라 붙는 것이었다. 그리고 벗어날 수 없는 현실적 압박 속에서 그녀는 분간하기 힘든 시름과 원한을 토로할 뿐이었다. 그녀의 시 속에 등장하는 '만 가지 한탄과 천 가지 근심(萬恨千愁)'(「彈琴」), '짙은 탄식과 그윽한 근심(暗恨幽愁)'(「記懷」), '깊은 시름과 짙은 탄식(幽懷暗恨)'(「寫懷」), '수많은 시름(萬斛愁懷)'(「閨中怨」), '수많은 근심(萬斛愁)'(「愁思」), '감당키 어려운 근심(愁風雨)'(「自恨」) 등에 주목할 필요가 있다. 고독을 수용하지 못하고 한탄으로 일관하는 데서는 일반 여성의 나약함을 엿볼 수 있으며 갈등을 극복하지 못하는 인간의 한계도 느낄 수 있다. 매창은 세상의 일이란 변치 않기 어렵고 삶의 가치란 진실을 담보하기 힘들어 인간사회에서 영원성이나 순수성을 신뢰할 수 없다고 주장한다. 이와 같은 세계 인식은 허균이 험난하기 짝이 없는 자신의 생애를 위로하는 것과도 조응이 잘 된다. "애처롭다 고통스러운 내 생애/마음 산란하여 창자 끊어지누나⋯⋯ 운명에 맡기고 스스로 마음 늦추면/그런대로 내 이 몸 욕되지 않으리(哀吾生之險艱兮 情結愲而摧腸…… 安天賦而 自釋兮 庶不辱乎吾身)."[3] 자신이 세상에 쓰이지 못하는 데서 허균의 현실적 불만이 컸던 만큼 자신을 허용하지 않았던 현실에 대해 매창의 개탄과 우려가 만만치 않았다.

그녀는 자유를 절규할수록 더욱 고독에 빠지게 되었고 마침내 죽음을 재촉하는 처지가 되고 말았다. 「학이 조롱 속에 갇히다(籠鶴)」라는 시를 들어보자.

새장에 갇혀 돌아갈 길 막혔으니	一鎖樊籠歸路隔
곤륜산의 신선 동산이 어디였던가.	崑崙何處閬風高
푸른 들판에 해가 지고 푸른 하늘도 끊어진 곳	靑田日暮蒼空斷
구씨산 밝은 달은 꿈속에서도 괴로워라.	緱嶺月明魂夢勞
짝도 없이 야윈 몸으로 시름겹게 서 있으니	瘦影無儔愁獨立
황혼녘에 갈까마귀는 숲 가득 지저귀네.	昏鴉自得滿林噪
긴 털 병든 날개 죽음을 재촉하니	長毛病翼摧零盡
해마다 노닐던 언덕 그리워 슬피 우네.	哀唳年年憶九皋

전편에 흐르는 처연하고 음산한 느낌이 독자를 압도한다. 그녀에게 삶은 고단하고 애닯은 것 그 이상도 이하도 아

---

3   허균, 『성소부부고』 권3 「北歸賦」.

니었다. 이 시야말로 매창이 살아온 생의 결말이자 인생 전체를 잘 보여준다. 그녀는 자존감도 강하고 지혜가 있어 답답하고 부조리한 현실을 극복해보려 했다. 그러나 '돌아갈 길이 막혔으니' 모두가 헛수고였다. 신선과 같이 자유로운 존재가 되기는커녕 이제 그녀는 아무것도 할 수 없는 몸이 되었다. 제목이 말해주듯 비참하게도 그녀는 '조롱에 갇힌 학'이 되고 말았다. 마치 허균이 불우한 자신의 현실적 처지를 우리 속에 갇힌 망아지에 비유했던 것 같은 느낌이 든다. 신선이 사는 아름다운 동산에 들어갈 수 없는 자신의 부자유를 탓하는 매창에게서 기생이라는 신분이 갖는 운명적 구속과 한계를 여실히 보게 된다. 누구보다 기생으로서의 수치와 모욕을 이기지 못하고 괴로워한 여성이 매창이다.

마치 기생들이 한 푼 두 푼 쌈짓돈을 모아 1927년 1월에 발간한 최초의 기생 잡지라는 『장한』 제1호의 표지를 떠올리게 한다. "동무여 생각하라. 조롱 속에 이 몸을"이라는 부제와 함께 새장 속에 갇힌 기생의 모습이 그림의 형태로 재현되었기 때문이다. 그러나 속박과 천대를 받아온 현실을 벗어나는 것은 쉽지 않다. 결국 매창은 울분과 비통을 넘어서지 못한 채 회한을 품어야 했다. 매창은 그토록 갈망하는 인간답게 살고 싶은 낙원, 자유롭고 아름다운 세계로 돌아갈 수 없다. 현실을 떠나지 못하는 불행한 운명을 감수해야 했다. 그녀가 신분이 쳐놓은 굴레 속에서 얼마나 불만을 갖고 살았는가를 확인할 수 있다.

여성 한시에서는 고상한 품격과 우아한 분위기를 자아내는 '학'이 많이 등장하는데 대개 비극적 자의식의 이미지를 드러낸다. 자아 의식이 매우 강했던 매창은 고고하고 평화롭게 살 수 없었던 자신을 「병이 들다(病中)」, 「신선 되어 놀다(仙遊)」 등을 통해 '외로운 학'이라 말했다. 움쭉달싹하지 못하는 조롱속의 새는 희망을 잃고 죽음을 기다리는 그녀와 다를 바 없다. 여러 작품에서와 같이 이 시는 매창이 겪었던 자유지향→좌절(절망)→질병→죽음의 사고를 보여준다.

시구절 하나하나가 이토록 전체의 시적 분위기와 주제적 성격을 잘 뒷받침하기도 힘들 것이다. '푸른 들판이 어두워지고', '푸른 하늘이 끊어진 곳'에 놓인 모습에서 그녀가 땅에서는 물론 하늘에서조차 기댈 수 없는 처량한 신세임을 직감하게 된다. 단적으로 '밝은 달은 꿈속에서도 괴로워라'에서는 자유를 얻지 못하고 비통해하는 그녀의 참담한 형상을 볼 수 있다. 부정적 상황을 벗어나는 수단이 되고 문제 해결의 통로가 되는 '꿈'을 그녀가 계속 '괴로운 꿈', '외로운 꿈'으로 표현한다는 점은 매우 특이한 일이다.

그녀는 꿈을 꾸는 것조차 자유롭지 못했기에 "여전히 작은 난간에 기대어도 잠은 오지 않고/강가의 마름 캐는 노래 소리 아득히 들려오네(猶倚小欄無夢寐 遙聞江渚菜菱歌)."(「밤중에 앉아 있다(夜坐)」)라고 탄식했다. 희망이 보이지 않는 고독은 병이 되었고, '짝도 없이 야윈 몸'과 '긴 털 병든 날개'로 죽음의 그림자를 바라보는 처지가 너무나 안쓰럽다. '갈까마귀'는 죽음을 예고하는 심리적 기제로 적절히 묘사되고 있다. '갇히다', '막히다', '지다', '끊어지다', '괴로워라', '없다', '병들다', '울다' 등의 시어는 더욱 매창이 처한 부정적 이미지 형성에 영향을 미친다. 이 무렵 사랑하던 유희경도 다시 만났다. 처음 만난 지 17년이 넘어 다시 만난 극적인 상봉이었다. 그러나 순간의 만남은 더 큰 허무와 아픔으로 남아 견디기 힘든 지경에 이르렀을 것이다. 매창은 '외로운 꿈'에 의지해 고통스러운 나날을 견디며 생을 보내야 했다.

쓸쓸한 가을날 공주목사 허균을 비롯한 심광세, 조희

일 등과 함께 백마강에서 노닐며 매창은 스산한 마음으로 「부여 백마강에서 놀다(遊扶餘白馬江)」라는 시를 지었을 것이다. 공주목사 시절 파직되기 직전에 허균이 부안현감으로 있던 심광세와 매창을 위시하여 친구들을 초청하여 부여의 백마강에서 회포를 풀고자 했던 것 같다.

강마을 작은 초가집을 찾아들자	水村來訪小柴門
연꽃은 찬 못에 지고 국화도 시들었구나.	荷落寒塘菊老盆
갈까마귀 석양을 두르고 고목에 울며	鴉帶夕陽啼古木
기러기는 가을빛을 띠고 강가 구름을 건너네.	雁含秋氣渡江雲
세상이 어지럽다고 말하지 말라	休言洛下時多變
인간의 일이라면 듣고 싶지 않아라.	我願人間事不聞
술동이 앞에 놓고 한 번 취하길 사양하지 마소	莫向樽前辭一醉
저 귀공자들도 풀숲 무덤 속에 있다오.	信陵豪貴草中墳

임방은 매창 이후에 태어난 인물로 위의 「부여 백마강에서 놀다」라는 시를 자신의 문집인 『수촌만록』에 전하고 있다. 위 시 중에서 후반부는 「부여」라는 제목으로 『한국여류한시선』(1974)에 나오는데, 이는 하버드대학본 「부여 백마강에서 놀다」라는 7언율시 중에서 끝 4구를 따서 마지막 한 구를 다른 시어로 바꾸어놓았을 뿐이라고 한다. 사실 매창

은 허균과 헤어진 뒤로 특별히 만나는 사람도 없었다. 이 시는 그녀가 죽기 3년 전인 1607년 무렵의 작품으로 보여진다. 한바탕 놀자고 모인 자리이지만 흥취만 있었던 것은 아닐 것이다. 오히려 모진 풍파를 겪고 자포자기하는 듯한 매창의 지친 모습이 잘 그려진다. '세상변화'나 '인간사'들이 갖는 번거롭고 공허한 심상이 작품을 지배한다. 부귀영화를 누리던 위나라 정치가 신릉군(BC ?~243)도 한 줌의 흙으로 돌아가지 않았는가. 연꽃도 떨어지고 국화마저 시들었다. 자연도 매창의 입장과 동일시되어 비애적 정조를 돋운다.

이제 그녀는 세상 어느 한 곳에서도 평안하고 자유로울 수 없는 자신의 절박한 신세를 냉정히 돌아보며 죽음도 불사하겠다는 심사를 보인다. 고난의 세월을 버텨온 구차한 삶을 내려놓고 싶은 심정에 술잔에 취하고 의지하면서 까마귀의 울음을 받아들이는 그녀의 모습을 어렵지 않게 상상할 수 있다.

그즈음 매창의 몸과 마음은 병으로 무너지고 있었다. 모두가 그녀의 곁을 떠났다. 새로운 세상을 꿈꾸던 허균을 비롯하여 그의 벗들도 떠났고, 심광세 현감도 고향으로 돌아간 뒤 소식 한 자 없다. 자신을 '친구'라 지칭했던 권필도 그해 여름 잠깐 들렀다가 떠나갔다. 언제나 그랬듯이 그는 혼자였다. 누가 마흔 다 된 퇴기를 찾을 것인가.

40년도 살지 못하고 죽기 한 해 전인 그녀 나이 37세(1609)에 지은 「병중에 근심하다(病中愁思)」라는 시를 보자.

병들어 빈 방에서 본분 지키며　　　　空閨養拙病餘身
가난과 추위 속에 사십 년일세.　　　　長任飢寒四十年
인생을 살아야 얼마나 사는가　　　　借問人生能幾許
가슴속 탄식이 옷 적시지 않은 날 없네.　胸懷無日不沾巾

이 시를 보면 매창의 생애 전체가 한눈에 들어오는 듯하다. 한국 문학사에서 기생을 포함하는 전통여성들은 대체로 사회에 대한 관심보다는 개인에 대한 관심이 높았다. 매창도 예외일 수 없으며 특히 그녀는 근원적으로 외로울 수밖에 없는 인간의 존재 문제에 천착했다. 인생이 짧고 쓸쓸한 것임을 한탄하면서 기생으로서 살아온 자신의 삶을 '질병과 고독'으로 축약하고 있다. 또한 그녀의 존재적 갈등 속에서 간과할 수 없는 것은 '가난과 추위'이다. 이를 통해서 정신적인 가치를 중시하면서 인간다운 삶을 갈망했던 그녀의 모습을 쉽게 확인할 수 있다. '가난과 추위'를 무릅쓰고 순수하고 의미 있는 목표를 향해 살아가고자 했던 매창이다. 그러나 안타깝게도 그녀의 뜻대로 되지 않았다. 무엇보다 신분적 한계에 부딪치면서 외로움과 슬픔을 극복하지 못했음을 간과할 수 없다.

미천한 기생 신분은 유난히 여성스럽고 섬세한 감성을 타고난 매창의 몸과 마음을 더욱 옭아맸다. 더구나 가장 가까웠던 임과의 재회는 기다림에 비해 너무 짧았다. 부안에 들렀던 유희경이 바로 한양으로 올라간 것이다. 시름시름 앓기 시작하던 매창은 3년 뒤 1610년 봄 마지막 노래를 남긴다. "긴 털 병든 날개 죽음을 재촉하니/해마다 노닐던 언덕 그리워 슬피 우네(長毛病翼摧零盡 哀唳年年憶九皐)."(「학이 조롱 속에 갇히다(籠鶴)」) 죽음이란 잠깐 사이에 다가오는 피할 수 없는 것이며 자신의 삶이 그리 오래 남지 않았음을 절감하고 있었던 것이다.

마치 허균이 죽음을 담담하게 받아들이며 "고개 한 번 들고 숙이는 사이 예와 이제로세/가는 세월 이와 같음 보고서/이내 몸 오래 가기 어려움 알았도다/낮과 밤 어지러이 바뀌니/큰 소나무의 장수 누릴 자 그 누군가/내 몸 매만지며 스스로 서러워라(一俯仰而古今 覽逝者之如斯兮 識此身之難

久 粉陰陽之代謝兮 孰喬松之遐壽 撫身軀而自悼兮)[4]라고 읊었음을 떠올리게 한다. 그는 인생이란 한낱 덧없는 것이요 죽음이 눈앞에 있음을 알고 세속의 명리에 분주할 필요가 없다고 생각했다.

마침내 매창은 서른여덟의 나이로 세상과 하직해야 했다. 정들만 하면 떠나고 마음 붙일 만하면 헤어져야 하는 기생의 운명 앞에서 마음의 고독과 육신의 질병에 시달리던 매창은 그렇게 세상과 결별하고 말았다.

---

4   허균, 『성소부부고』 권3 「思舊賦」.

10
공원에 매화꽃잎이 휘날리다

순식간에 피었다가 지는 것은 봄날의 꽃잎만이 아니었다. 광해군 2년(1610), 38세가 된 매창은 바로 앞에서 나온 것과 같은 「학이 조롱 속에 갇히다」라는 시를 지은 후 죽음을 맞았다.

마음과 몸으로 혼연히 사랑을 나눌 수 있다면 행복한 일임에 틀림없다. 하지만 마음만으로 깊이 사랑하는 것도 얼마나 귀하고 거룩한 일인가. 그해 여름 허균은 매창이 죽었다는 소식을 들었다. 그토록 속으로 존중하고 지극한 정을 나누었던 매창이 세상을 떠났다는 소식에 허균은 얼마나 가슴이 아팠겠는가. 허균은 "지금 그녀의 죽음을 듣고 한 차

레 눈물을 뿌리고서 율시 2수를 지어 슬퍼한다."[1]라고 말했
다. 그중 1수이다.

아름다운 글귀는 비단을 펼쳐놓은 듯	妙句堪摛錦
맑은 노래는 머문 구름도 풀어 헤치네.	淸歌解駐雲
복숭아를 딴 죄로 이 세상에 내려오더니	偸桃來下界
불사약을 훔쳐서 인간무리를 두고 떠났네.	竊藥去人群
부용꽃 수놓은 휘장엔 등불은 어둑하고	燈暗芙蓉帳
비취색 치마엔 향내가 아직 남아 있네.	香殘翡翠裙
다음해 작은 복사꽃 필 때쯤이면	明年小桃發
어느 누가 설도의 무덤을 찾아주려나.	誰過薛濤墳

매창은 나이 40 미만의 짧은 생애를 마감하고 이 세상
과 결별했다. 고요히 고향 땅 부안에 안식처를 마련한 매창
을 그리워하며 허균은 위 시를 지어 그녀의 죽음을 애도하
였다. 사실 매창의 죽음을 전해 듣고 애도하는 시를 지은 사
람은 허균이 유일하다고 볼 수 있다. 허균은 그 당시 천대받
던 기생도 동등한 인간으로 대우하였던 것이다.

매창은 전라북도 부안군 부안읍 서외리에 있는 공원(매

---

1   허균, 『성소부부고』 권2.

창공원)에 매장되었다. 부안의 사당패와 아전들이 그녀의 시신을 수습하여 매창공원에 묻어주었고, 나무꾼들이 벌초를 하며 돌봤다. 무덤에는 그녀와 동고동락했던 거문고도 함께 묻혔다. 매창은 평소에 "나는 거문고와 시가 참말 좋아요. 이후에 내가 죽으면 거문고를 함께 묻어주세요."라고 했으며, 그 말에 따라 그녀의 무덤에 거문고를 같이 묻은 것이다. 그 뒤 지금까지 사람들은 이곳을 '매창뜸'이라고 부른다.

1610년 매창이 죽은 후 45년이 지난 효종 6년(1655)에 그녀의 무덤 앞에는 나무꾼과 농사꾼들에 의해 비석 하나가 세워졌다. 그리고 묘비가 오래되어 글자의 마모가 심해지자 1917년에 부안의 시인들이 다시 묘비를 세웠다. 부안 시인들의 모임인 '부풍[2]시사'에서는 높이 4척의 비석을 새로 세우고 '아름다운 여인 이매창의 묘(名媛李梅窓之墓)'라고 새겼다. 정비석(1911~1991) 작가의 말대로 어느 왕후장상의 묘비를 두 번씩이나 세울 수 있을까. 부안 사람들은 지난 400여 년간 자기 조상의 묘를 돌보듯 기생 매창 묘소의

2　부안의 옛 지명이다.

190 이매창, 순수 서정으로 빛나다

벌초를 하며 이렇듯 묘비도 두 차례나 보수하였다.

　남사당패나 가극단이 부안에 들어와 공연을 할 때면 그들은 먼저 매창의 묘를 찾고 한바탕 굿을 벌이며 매창을 기려왔다. 1997년 부안읍은 매창의 무덤이 있는 공동묘지에서 다른 무덤들을 이장하고 2001년 공원으로 조성하여 '매창공원'이라 이름을 붙였다. 매창공원 곳곳에는 매창이 지은 보석 같은 시는 물론 매창과 교류하거나 그녀의 죽음을 애도하면서 지은 시들이 돌에 새겨져 있다.

　한편, 1974년에 매창기념사업회에서는 부안군청 뒤에 있는 성황산 기슭 서림공원에도 매창의 시비 2기를 세웠다. 이 시비는 매창을 좋아하는 사람들이 사재를 털어 세운 것으로 그녀에 대한 이곳 사람들의 애정을 짐작케 해준다. 이곳은 선화당 후원으로 매창이 자주 불려가 거문고를 뜯으며 노래를 하고 담소를 즐기던 장소이다. 시비 뒤편 너럭바위에는 매창이 거문고를 타던 '금대(琴臺)'라고 새긴 글자와 그가 즐겨 마시던 우물인 '혜천(惠泉)'이라는 글자가 남아 있다.

　지금도 음력 4월 5일이 되면 부안 사람들은 정성껏 매창의 제사를 지내고 있다. 부안의 국악인 모임인 부풍율회가 매창의 묘제를 주관하고 있으며 유림을 대표하는 부안향교에서도 제사를 돕고 있다. 2001년부터는 전국적인 규모의 '매창문화제'를 열어 그녀를 추모하고 있으며 다양한 장르의 행사를 개최하여 그 의미를 더욱 새롭게 하고 있다.

매창은 16세기 부안의 기생에 갇힐 수 없는 조선 최고의 시인이었을 뿐만 아니라 하층민에부터 권력자까지 모두에게 사랑받는 존재로서 지금까지도 그녀에 대한 관심이 끊이지 않고 있다. 그녀가 우리 곁을 떠나간 지 350여 년이 지난 어느 날 매창의 무덤을 찾아간 이병기(1891~1968) 시인은 그녀를 추모하며 다음과 같이 「매창뜸」이라는 시를 남겼다.

돌비는 낡아지고 금잔디 새로워라
덧없이 비와 바람 오고가고 하지마는
…(중략)…
그리던 운우(雲雨)도 스러진 꿈이 되고
그 고운 글발 그대로 정은 살아남았다.

변산을 사랑해서 아예 부안에 살게 되었다는 시인 송수권(1940~2016)은 매창을 그리워하며 2014년 무덤을 찾아

이렇게 노래했다. "…(전략)…/서너 물밭 간드러진 물살에/창창하게 피는 낚싯줄/이 세상 남자라면 변산에 와서/하룻밤 그녀의 집에 들러 불 *끄고* 갈 만하다"(「이매창의 무덤 앞에서」 일부)

일찍이 작가 박덕은(1952~)은 일인칭으로 『풍류 여인 열전 이매창의 사랑일기』(장원, 1993)를 저술한 바 있다.

1610년 허균은 과거시험관으로 있으면서 자신의 조카와 조카사위도 합격시켰으므로 탄핵을 받아 전라북도 익산의 함열로 유배되었다. 그 이듬해 유배에서 풀려난 후에 허균은 매창의 문집을 간행하기 위해 부안에 가서 고홍달을 찾았을 것이다. 다시 말해 허균은 1610년 12월 유배지로 떠났는데 도착한 때는 1611년 1월이었고 그해 11월에 귀양에서 풀려나 부안으로 갔다. 이때 허균은 매창과 함께 자란 고홍달을 만나 『매창집』을 기획했을 것으로 본다.

현재 하버드대학교에 소장되어 있는 『매창집』의 발문에 따르면 매창이 지었던 수백 편의 시들이 그 당시 사람들의 입에 오르내렸지만 거의 흩어져 사라졌다. 다행히도 그녀가 떠나고 58년 뒤인 1668년에 아전들이 입으로 전하던 여러 형태의 시 58수를 구하여 목판본으로 변산 개암사에서 간행하였다. 당시 전라도 관찰사는 매창을 알아주었던 한준겸의 외손자인 여성제(1625~1691)였다.

내소사와 함께 부안의 아름다운 절로 알려진 개암사는 기원전 282년 변한의 문왕이 난을 피해 이곳에 성을 쌓은 뒤 전각을 짓고 동쪽을 묘암, 서쪽을 개암이라고 했다는 데서 유래한다. 매창은 이루기 힘든 사랑의 아픔을 달래기 위해서 생전에 이 절을 자주 찾았다고 한다. 그녀와 개암사와의 인연은 죽은 뒤에도 이어져『매창집』이 이곳에서 간행된 것이다.『매창집』은 현재 3종이 있는데 하나는 목판본이고 둘은 필사본이다. 필사본도 중요하지만 더 가치 있는 텍스트는 목판본인데, 이는 현재 하버드대학교 옌칭(燕京)연구소에 소장되어 있다. 간송미술관에도 하버드대학교 소장본과 같은 목판본이 보관되어 있다. 필사본 하나는 선비 김정환(1774~1822)이 전에 있던 텍스트를 필사하여 1807년에 새롭게 서문을 붙인 것이고, 다른 하나는 시인 김억이 소장하고 있던 필사본을 1942년에 어느 누가 다시 필사한 것이다. 현재 김정환 필사본은 부안문화원에 복사본으로 소장되어 있고, 김억 필사본은 행방이 묘연하다.

기생이었던 조선의 매창은 분명히 특수한 지점에 위치한다. 당시 세계 어느 나라를 둘러보아도 한 여인의 시집이 단행본으로 나온 예는 없다. 시집이 나오자 하도 많은 사람들이 이 시집을 더 찍어달라고 하여 개암사의 재원이 바닥나기도 했다고 전한다. 이병기가 쓴 『매창집』 해제에 "전하는 말에는 이 시집이 두 권이고 그 판각이 부안에 있던 것을 수령 방백으로 오는 이마다 자꾸 청구하므로 이 때문에 고을이 망하겠다 하고 누가 불을 질러버렸다 한다."[3]라고 적고 있다. 그런 이야기가 전해 내려올 정도로 부안 사람들은 그녀의 시를 아끼고 사랑했던 것이다.

3   민병도 편, 『조선역대여류문집』, 을유문화사, 1950.

에필로그

  존중받을 만큼 바르게 살다 아름다운 이름을 남긴다는 것은 쉬운 일이 아니다. 더구나 기생은 성차별과 신분제도 때문에 떳떳하게 이름을 드러내고 살기가 어려웠다. 그런 천한 기생 가운데 '천향'이나 '매창'이라는 고운 이름을 갖고 알뜰한 포부 속에 살다가 죽은 후에도 많은 사람들의 제사를 통해 추앙받는 행복한 인물이 있다면 단연 이매창이다.

  조선 중기의 매창은 기생임에도 불구하고 천성이 고고하고 정결하여 난잡하거나 음탕한 것을 좋아하지 않았던 여성이다. 여성이었지만 능력이 뛰어나 시를 매개로 당대의 문인 학자들과 깊이 교유할 수 있었던 사람이다. 고결한 인품과 탁월한 글재주로 당당하게 한 시대를 살았던 매창의 흔적은 오늘날 그녀의 시문을 통해 어디서나 만나볼 수 있고, 무덤과 시비가 있는 매창의 고향인 전북 부안의 봉덕리에서 그녀의 체취를 한껏 느낄 수가 있다.

중국의 기생 설도의 대표작인「춘망사」의 셋째 연이 시인 김억에 의해 번역되어 광복 후 우리 사회에서 많이 불렸던 가곡〈동심초〉의 가사다. "꽃잎은 하염없이 바람에 지고/만날 날은 아득타, 기약이 없네/무어라 맘과 맘은 맺지 못하고/한갓되이 풀잎만 맺으려 하는고." 조선의 여류 한시집을 번역[1]해내면서 이매창의 작품을 가장 많이 실었던 김억에게 매창은 설도였다. 사랑과 행복을 갈망하는 민족적 염원 속에 조선에 위대한 여류시인 매창이 있었던 것이다.

매창은 분명 기생이면서도 기생이 아닌 것처럼 살았다. 이는 일반 여성이나 여느 기생과 달리 인격적이면서도 진취적인 삶을 살았다는 뜻이기도 하며 한편으로는 신분과 현실을 부정하며 살아야 할 만큼 부대끼고 괴로워했다는 뜻이기도 하다. 많은 후세 사람들이 매창을 사랑하는 이유도

---

1   김억,『꽃다발』, 박문서관, 1944.

바로 여기에 있다. 즉 몸은 기생일지라도 그녀가 끝까지 인간으로서의 품격과 신의를 지키면서 시인으로서의 자유와 책무를 다하고자 했기에 매창은 존경받고 있다. 더구나 매창을 좋아하는 우리는 그토록 참되게 살기 위해 애썼던 순수시인의 외롭고 고달팠던 삶의 여정에 안쓰러움을 표하지 않을 수 없다.

이매창은 기생으로서 많은 사람들을 상대해야 했으나 자존감이 강하여 아무에게나 속마음을 열지는 않았다. 유희경은 매창이 처음으로 진실하게 사랑한 남자였으며 이귀는 한때 매창의 정인이었던 관리이다. 허균은 매창과 가장 돈독한 관계를 길게 이어나간 정신적 스승이자 벗이었다. 그밖에 매창은 한준겸, 심광세, 권필 등 주로 시인들과 교류했다. 그들과의 만남은 매창의 삶의 폭과 시세계를 확장하는 의미 있는 것이었다. 그러나 안타깝게도 대다수의 인간들에게서 그녀는 편안함을 느끼지 못한 채 외로움에 시달려야 했다.

유난히 의식이 고상했던 매창은 기생이라는 신분을 쉽게 받아들이지 못했다. 오히려 살아갈수록 기생에 대해 거부감이 들었다. 그리하여 부끄럽고 괴로운 현실의 벽에 부딪히면서 좌절의 아픔을 뼈저리게 느꼈다. 고난이 거세질수록 자유를 향한 욕구는 강해졌으나 그녀가 바랐던 순수하고 진정 어린 세계의 도달은 운명적으로 실현될 수 없었다. 그녀에게서 현실적 고통이 지속되는 데 따르는 '행로난', 부정적 상황이 극복될 수 없는 상태를 나타내는 '괴로운 꿈', 도저히 움쭉달싹할 수 없는 지경에 달하는 '조롱 속의 학'의 표현 등에 주목하게 되는 것도 이 때문이다. 따라서 그녀의 삶과 시에서는 기생에 대한 거부→현실적인 고난→자유지향의 갈망→운명적 비애의 의식이 도출된다.

매창의 경우 사대부 집안의 여성들이 보여준 효행, 정절, 모성 등의 부도(婦道)에 관한 것은 아니더라도 여성으로서의 생활적 정취가 풍기는 작품이 나올 만도 한데 그러한 작품이 거의 없다. 같은 신분의 기생문인들도 더러 고향 또는 형제를 그리워하거나 나아가 역사인식과 사회의식을 표출해오곤 했다. 그런 면에서 매창의 관심이나 의식은 차이를 보인다. 그만큼 매창은 자아를 포함하는 '인간' 자체에 대한 관심이 철저했고 사물이나 사실 등 객관적 대상과 맞서는 '정신'에 대한 집착이 강했다. 이런 점에서 그녀의 삶의 세계와 시문학의 본질을 존재론적 성격으로 규정할 수 있다.

매창은 깨끗하고 아름답게 살고 싶기에 시와 거문고를 놓지 않았다. 그리고 많은 사람 가운데서도 청아한 심성을 지닌 풍류적 문사를 만나고자 했던 것은 그녀의 타고난 성향이요 인격의 소산이다. 맑은 정신의 만남과 함께 멋스럽게 교유했던 문객들은 그녀의 연인이 되기도 하고 친구가 되며 동지가 되었다. 매창을 만났던 남자들이 하나같이 그녀를 신뢰하고 존중했던 것도 시적 재능과 더불어 그보다 더 매력 있는 인간미와 진정성 때문이었다. 그녀는 당당히 조선 중기를 살았던 한국을 대표하는 순수 서정의 시인이다.

매창은 자신의 처지와 인간사회에 불만을 갖고 심각하게 고민하였다. 그러나 저항적이기보다 체념적이었으며 현실을 타개할 만한 의지가 결여되어 있었던 점은 그녀의 한계로 남는다. 하지만 왜곡과 불의의 반(反)인간적 현실에 안주하지 않고 끊임없이 문제를 제기하고 개탄했던 그녀의 자유와 순수 정신은 매우 소중하다. 그리고 누구보다 매창은 여성 문화사적으로 19세기 신분상 불우했던 여성들은 물론 지금까지 인간적으로 소외받고 있는 모든 여성들에게 힘이 되었다고 본다. 아니 우리 모두의 가슴에 순수하고 아름다운 시인으로 남아 있다.

매창의 삶은 길지 않았다. 살아서 세상을 위해 고아한 정신을 마음껏 펴나가지 못하고 서른여덟 살의 나이로 세상을 떠났다. 매창이 죽은 후에는 나무꾼과 농사꾼이 그녀의 무덤을 돌보았고, 하급관리들이 돈을 모아 시집을 내주기도 했다. 전라도 부안읍에서는 묘와 시비가 있는 곳을 매창공원으로 조성해놓고 그녀의 영혼을 기리고 있다.